U0140152

Die Kunst des klaren Denkens

52 Denkfehler die Sie besser anderen überlassen

作者
Rolf Dobelli
魯爾夫·杜伯里
繪者
Birgit Lang
碧吉特·蘭
譯者
王榮輝

思考的藝術

52個非受迫性思考錯誤

推薦序

強化偵錯神經，預防錯誤抉擇

冀劍制

很高興又看到一本專門針對日常生活中「哪裡想錯了」的書籍出版了。此書使用生動有趣的方式談論這個通常被認為較為嚴肅的話題，這會讓人在比較輕鬆無負擔的情況下學習到許多有價值的知識。這種類型的書永遠不嫌多，即使談論類似話題，從不同的角度去看，對此類型的錯誤思考會有更多的體會。這也有助於培養一個更容易發現自己與他人錯誤推理的能力。

我有多年「批判性思考」的教學經驗。批判性思考訓練的一個主要目的就是要鍛鍊一個敏銳的偵錯神經，也就是在日常生活中發現錯誤推理的敏感度。在教學過程中，常常會遇到一種很不以為然的態度：「推理錯了就錯了，有什麼大不了的？活的這麼累做什麼呢？」

其實，這個想法也不算完全是錯的。日常生活中很多錯誤推理真的是無關緊要，太過斤斤計較也真的會帶來很多不必要的負擔。例如，假設我有很多朋友投資股票賠錢，這樣的經驗告訴我，「投資股票一定會賠錢」。因此，我就勸人「不要去投資股票」。這個想法當然是錯的，錯在我們只依據某一類的經驗就妄下結論（作者將這類錯誤思考稱之為「現成偏誤」：「借助一些易取得的現成例證，為自己描繪出一幅世界圖像」）。然而，就算這個思考是錯的，又有什麼關係呢？大不了不要去賺投機的錢，生活不也可以很快樂嗎？

這樣想是沒錯。但是，換個情況，假設我有一些朋友大賭六合彩而賺進大把鈔票，因此我就推理，「如果我和他們一樣去賭六合彩，一定也會大賺一筆」。這是一樣的推理形態，但如果不知道這是錯誤推理，就可能會誤入陷阱而不自知。

雖然，日常生活中許多錯誤推理是無關緊要的，但只要一生中有一、兩個會帶來大禍害的錯誤思考提早被我們發現，訓練偵錯神經的敏感度就有很大的價值了。更何況，這種可能會造成（或大或小）禍害的錯誤思考經常在日常生活中出現，但我們大多不會發覺，因為，錯誤推理不一定會造成禍害，即使造成了，我們可能也不會想到「其實這些都是可以提早預防的」。

以本書第一篇提到對成敗錯誤評估的「存活者偏誤」來說，當我們開始很有企圖心地想做一件事情的時候，常常錯估可能的失敗率。由於成功案例比較容易被認知、被注意、被新聞媒體報導，或被歷史記載。因此，我們常常無意間就誤以為成功不難，「只要努力就會成功」，但真正的成功率卻比我們想像的低很多。

如同作者指出，想玩搖滾樂的，眼光只關注那些成名樂團，希望有朝一日也可以跟他們一樣風光，卻較少考慮那些失敗的樂團，而這些失敗者可能是成功者的千、萬倍之多。

以台灣社會為例，我們常常看見許多茶飲店生意興隆，以為開個這樣的店，人潮就自然會來。但事實上，那不過是因為我們的眼光較不會去注意那些沒人上門的店家，當然更不會去觀察那些早已停止營業的失敗者。在這種成敗資訊不平衡的評估中，計算出來的成功率就比客觀事實高上許多。這樣的錯誤推理，就可能誤導自己做出輕率投資而損失慘重。然而，這些都是可以事先預防的。

導致禍害的主要因素在於，這些錯誤思考都是我們無意間會去做的推理形態。當我們了解這類「似是而非」的推理都是可怕的思考陷阱，而且其推理結果是不值得信賴的時候，我們自然就會更審慎地評估任何重要的決策。而這樣的態度，不知會給自己的未來帶來多少好處，以及避免多少禍害。

然而，當類似的錯誤思考形態在自己的生活中出現時，我們必須能夠抓到它才有用。光靠背誦一些邏輯公式不足以做到這點。本書除了明白指出辨識各類錯誤思考的結構特徵之外，還大量舉出日常生活中常見的例子。多閱讀這些例子就好像自己親身經歷一般，能強化我們訓練一個敏銳的偵錯神經。以作者第五篇所談到的「沉沒成本謬誤」來說，我們常常為了不希望那些已經花費的成本損失，而做出非理性的選擇，結果反而損失更多。他指出了八個例子：

- 即使電影很爛也拒絕中途離開電影院，因為不想白白損失買電影票的錢，結果反而損失更多時間。
- 即使廣告宣傳效果很差也不放棄，因為已經在廣告投注很大的資金了。
- 感情出現大問題了還不願意放手，因為過去已經有這麼多的努力。
- 股票跌愈多（套愈牢）就愈不願意賣，因為賣了就賠錢了。
- 協和號飛機已經知道不可能營運了，但還要繼續投資下去，不然就等於宣告失敗。
- 已經走這麼遠了，就繼續走吧！
- 這本書已經讀這麼多頁了，就讀完吧！
- 念這科系都已經兩年了，就繼續吧！

有了這些生動的例子，我們可以更加熟悉這個謬誤形態，也較容易融會貫通而能找出其他生活實例。但請讀者一定要回到自己的生活中，去尋找其他例子，這才能夠真正掌握一個錯誤思考類型。以這個「沉沒成本謬誤」來說，在台灣社會，家庭主婦經常為了不願意讓已經花了的錢付諸流水，而把過期的不新鮮食物吃下肚子。這樣的非理性選擇，小則對健康有害，大則小命不保。多尋找類似例子，就少落入思考陷阱。

這本書總共收集了五十二個錯誤思考類型，每一個都有可能在日常生活中出現，尤其某些類型是人們較難發現到的。例如在第四十一篇針對各種「預言」的批評，甚至連各行專家對政治、經濟、環境等預言也包含在內。作者引用經濟學家高伯瑞的話：「只有兩種人會去預言未來：一種是一無所知的人，另一種則是不曉得自己其實一無所知的人！」這真是個幽默有趣又一針見血的批評。

好的內容，加上輕鬆的筆法、清楚的說明，以及有深度的論述，這些因素讓這本書具有非凡的價值。然而，為了讓此著作對自己產生最大的幫助，請勿囫圇吞棗閱讀。每讀完一篇，最好就停下來，好好想想自己是否有類似的問題。準備一本小筆記本，把自己曾經製造過的、或是可能會遇到的情況記錄下來，有空的時候還可以複習一下。若能與人分享就更好了。如果大家開始不再認為錯誤思考是件丟臉的事情，將之當作每一個正常人都會有的盲點，學習互相分享個人經歷，當這樣的風氣一起，對每一個人與整個社會都有很大的幫助。台灣社會也能很快脫離目前這種為人詬病的理盲狀態了。我相信此書的出版，將有助於達成這樣的目標。

（本文作者為華梵大學哲學系系主任，《邏輯謬誤鑑識班》作者）

目錄

CONTENTS

前言

這一切該從二〇〇四年秋天的某個夜晚談起。我應出版商胡伯特・布爾達（Hubert Burda）之邀，動身前往慕尼黑參加一個美其名為「知識分子自主交流」的聚會。在那之前，我從來就不曾把自己視為一個知識分子，或許是因為我學的是企管，而且後來變成了一個生意人。也就是說，我根本是一般人所認為的「知識分子」的反面。儘管如此，我倒是曾經發表過兩本小說，而這對一般人來說，顯然已經夠格躋身知識分子之列了。

當天納西姆・尼可拉斯・塔雷伯（Nassim Nicholas Taleb）也在席間，那時他還是一位沒沒無聞的華爾街交易員。塔雷伯似乎對哲學有著濃厚的興趣；好巧不巧，當時我竟被錯誤地介紹成是在英國與蘇格蘭的「啟蒙思想」方面學有專精的一位行家，尤其對於休謨（David Hume）的哲學思想更是有獨到的見解。這顯然是介紹我的人把我跟別人搞混了，不過我卻未當場道破，只是在席間不斷尷尬地陪笑著。甚至到了中場休息時，我還勉強地保持著滿腹哲學思想的形象。過沒多久，塔雷伯拉了一張椅子到身邊，輕輕拍了幾下椅面，想請我過去坐下和他聊聊天。好險，就在我聊了幾句休謨的哲學而差點破功之前，我們將話題轉到了華爾街；至少華爾街這個話題我還招架得住！在彼此意見十分契合的情況下，我們愈聊愈投機。過程中，我們談到了許多執行長經常會「系統性地」（systematically）犯下一些錯誤，而這些錯誤就連我們本身都十分難以避免。我們也談到了一項事實，那就是：從後見之明的角度來看，許多看似不可能發生的事，實際發生的機率往往超乎我們的想像。此外，對於股票投資人被套牢後反而愈抱愈緊的微妙心態，我們也同聲一笑。

那次聚會之後，塔雷伯將他的一些手稿寄給我。拜讀之餘，我提供了一些個人的意見給他；當然，其中也不乏一些「批評」。這些手稿後來集結成《黑天鵝效應》（*The Black Swan: The Impact of the Highly Improbable*）一書，推出之後成為全球熱賣的暢銷書，而塔雷伯也因此迅速躍升為知識界的國際巨星。那段期間裡，在求知若渴的驅使下，我也一頭鑽進了「捷思與偏誤」（heuristics and biases）這方面的文獻裡。不僅如此，我還經常與許多美國東岸的「知識分子」們就這方面交換意見。幾年之後，我逐漸意識到在從事寫作與經商的過程裡，我其實也同時完成了一項扎實的學業，那就是社會與認知心理學。

就我看來，「思考錯誤」（Denkfehler）**這個概念，指的是「系統性地背離理性」，或是「系統性地背離理想的、邏輯的以及理性的思考與行為」**。此處所說的「系統性」相當重要，因為我們所犯的錯誤往往會有一個固定的方向。比方說，與低估自己的學識相比，我們多半會高估自己的學識。又比方說，比起成功在望，面對失敗的危險往往讓我們更加積極地去發揮潛能。數學家或許會以「不對稱的」（asymmetric）分布來說明我們的思考錯誤；幸運的是，正是由於具有這樣的「不對稱性」，反而讓我們有機會可以預見錯誤。

在我從事寫作與經商的過程中，曾經積累了許多與思考錯誤有關的經驗與知識。為了不讓如此寶貴的能力輕易流失，我著手整理與條列出各種「系統性的思考錯誤」，並以一些個人所見所聞的相關趣事當作註解。只不過，當時寫下這份筆記純粹是為了留作個人參考，並未有集結成冊予以發行的打算。過了一段時間之後，我逐漸感受到所列出的這份清單不僅在理財方面十分管用，即使應用在經商或個人生活方面，也同樣發揮了相當大的助益。有了這份清單的提醒，在幾次事件當中，我及時看出自己在思考上的缺失，因而得以於鑄成大錯之前防範未然。掌握了思考錯誤的知識後，我的行事更加謹慎，卻也更加地安心。此外，我也開始了解到當別人應對事情處於非理性的狀態，我能夠如何好整以暇地與他們周旋，甚至從中得到什麼樣的優勢。不過無論如何，對我來說，最重要的應該是怎麼驅走在腦袋裡作祟的「非理性惡靈」。當我掌握了各種思考錯誤的類型、概念及解釋時，非理性惡靈也只有乖乖退散的分兒。**班傑明・富蘭克林**（Benjamin Franklin）**為人類揭露了電的相關知識後，打雷、閃電並未因此而變得更少、更弱或更小，可是我們不再像古人那樣莫名地畏懼雷電了。同樣地，明白了自身在思考方面的弱點之後，我們也能更勇敢地與自己的非理性對抗。**

曾經與幾位友人提及自己私下整理出的一些思考錯誤，他們在聽了我的介紹之後，都對我列出的這些條目很感興趣。幾番因緣際會，原本於朋友之間激起的一些回響，竟然進一步變成了在《法蘭克福彙報》（*Frankfurter Allgemeinen Zeitung*）以及瑞士《週日報》（*SonntagsZeitung*）每週一回的專欄。不僅如此，這些研究心得後來更成為大大小小無數場演講的內容（主要的聽眾多半是醫師、投資人、公司的監察人及執行長等）。如今，這些曾經與多人分享過的研究心得終於集結成書。看啊！你已經有了一本在手上。這或許談不上是什麼福氣，不過它至少可以看作是為了預防你陷入自作孽的困窘，所添置的一項保險。

魯爾夫・杜伯里，二〇一一

01 存活者偏誤

The Survivorship Bias

為何你偶爾也該去「墓仔埔」逛一逛

不論雷多走到哪兒，舉目所及都可見到許多搖滾明星。這些明星們不僅上電視，還登上各種雜誌畫刊的封面，更不用說行程滿檔的各地巡迴演唱會，以及人氣旺到不行的各式相關網頁。他們的歌曲可以說讓人百聽不厭，從購物中心、歌迷們的播放清單，甚至是健身中心，他們的招牌旋律如影隨形般四處迴盪。這就是搖滾巨星！他們幾乎無所不在；他們為數眾多，且各個事業有成，自擁一片天！在無數吉他英雄的成功故事激勵之下，雷多也組了一個樂團；可是，他最後真的會成功嗎？我們只能說，雷多成功的機會，大概只比零多那麼一點點。就像千千萬萬的失意音樂人那樣，他最終或許也只能走入殘酷的音樂墳場。在這個無情的「墓仔埔」裡，失意音樂亡魂的數量，可說千萬倍於舞台上那群高奏凱歌的勝利者。無奈的是，除了少數幾顆意外殞落的巨星之外，記者大人們對於這些失敗者根本一點興趣也沒有。正因為如此，不明究理的局外人，根本看不清墳場裡的真相！

「存活者偏誤」的意思是說：**在日常生活中，由於成功者的能見度壓倒性地高過失敗者，因此，人們總會系統性地高估了獲得成功的希望**。身為一個局外人，你或許就跟雷多一樣，完全看不清成功的機會超乎想像地微渺。於是，最終你也無辜地淪為成功錯覺底下的某個犧牲品！在每個成功作家背後，至少隱藏了一百位失敗的作家；這些人所寫的書，最後都變成了滯銷的庫存品。然而，在這一百位失敗作家背後，又各隱藏了一百位更為失敗的作家，這些人則是連找到願意幫他們出書的出版社都不可得。儘管如此，在這些更為失敗的作家後頭，其實還有滿坑滿谷更更失敗的「作家」們。他們則是在稿子起了頭之後，便將其束之高閣。然而，由於我們經常聽人傳誦一些成功的故事，因此根本看不清作家獲得成功的機率。同樣的情況也可套用在攝影師、企業經營者、藝術家、運動選手、建築師、諾貝爾獎得主、電視節目主持人，甚至美容女王身上。對於到失敗者的墳場裡挖寶，媒體總是興趣缺缺，不過也不該苛責他們，這本來就不是他們的宗旨。然而這一點卻意味著，若你想破除存活者偏誤這項思考錯誤，你就得親自監督自己的思考。

關於存活者偏誤的問題，或許你遲早會在理財方面遇到。比方說，你有一位好友準備要開間公司，而你剛好是入股的人選之一。這時你嗅到了賺錢的商機，且幻想著如果夠幸運，這間公司說不定會一飛沖天、成為下一間「微軟」呢！然而，實際的情況又是如何呢？最有可能的劇本是：這家公司連籌設都未能完成！第二可能的劇本則是：三年之後，這家公司因為經營不善而倒閉。一般來說，一家公司若是能夠順利挺過前三年，大部分都會變成員工不到十人的中小企業。簡而言之，你被媒體所散播的一些成功企業故事給蒙蔽了。如此說來，難道你就應該完全不冒任何風險、放棄任何投資機會嗎？不，倒也不用這麼矯枉過正。可是，在你進行投資時，還是必須要在心中留意著：存活者偏誤這個小惡魔，會像一塊打磨過的透鏡那樣，將成功機率的真實性加以扭曲。

讓我們再以「道瓊工業指數」為例來說明。這項指數是由一堆純粹的「存活者」所組成；相反地，許多經營不善或是規模不大的小企業，儘管就數量上來說遠遠超過那些少數的「存活者」，但這些小企業卻完全未被納入指數當中。從這裡我們便可看出，某種股價指數其實並不代表某個國家真正的經濟狀況，正如同報刊裡的那些報導也不能夠代表音樂人的總數。以此類推，在面對為數可觀的暢銷書或是王牌教練時，最好也保持著懷疑的態度，因為失敗的人不能出書，更無法到處宣揚自己失敗的心路歷程！

不過，若你所處的地位是在存活者這一邊，當你面對存活者偏誤時，情況或許會變得尷尬。即便你的成功完全出於偶然，你也會找出自己與其他成功者的共同點，並把這些共同點硬拗成你成功的因素。然而，要是你願意走訪失敗者的墓地（個人的或企業的都好），或許就會發現那些被信以為真的成功因素，事實上也經常在失敗者身上體現。

倘若有夠多的科學家針對某種特定現象進行研究，那麼必然會發生其中某些研究得出的統計結果實在是純屬意外。比方說，經研究之後意外地得出了一項結論：喝紅酒與更高的平均壽命兩者具有相關性。諷刺的是，這類（錯誤的）研究多半很快就會變得眾所周知，而這又是另一種存活者偏誤。

好了，我們也談了夠多的哲學，不妨就此打住。存活者偏誤意味著：你系統性地高估了成功的機率。作為因應的對策，你最好盡可能地經常去拜訪前途似錦的計畫、投資或事業的墓地。**偶爾在哀傷之中散個小步，終歸是健康的！**

02 泳將身材的錯覺

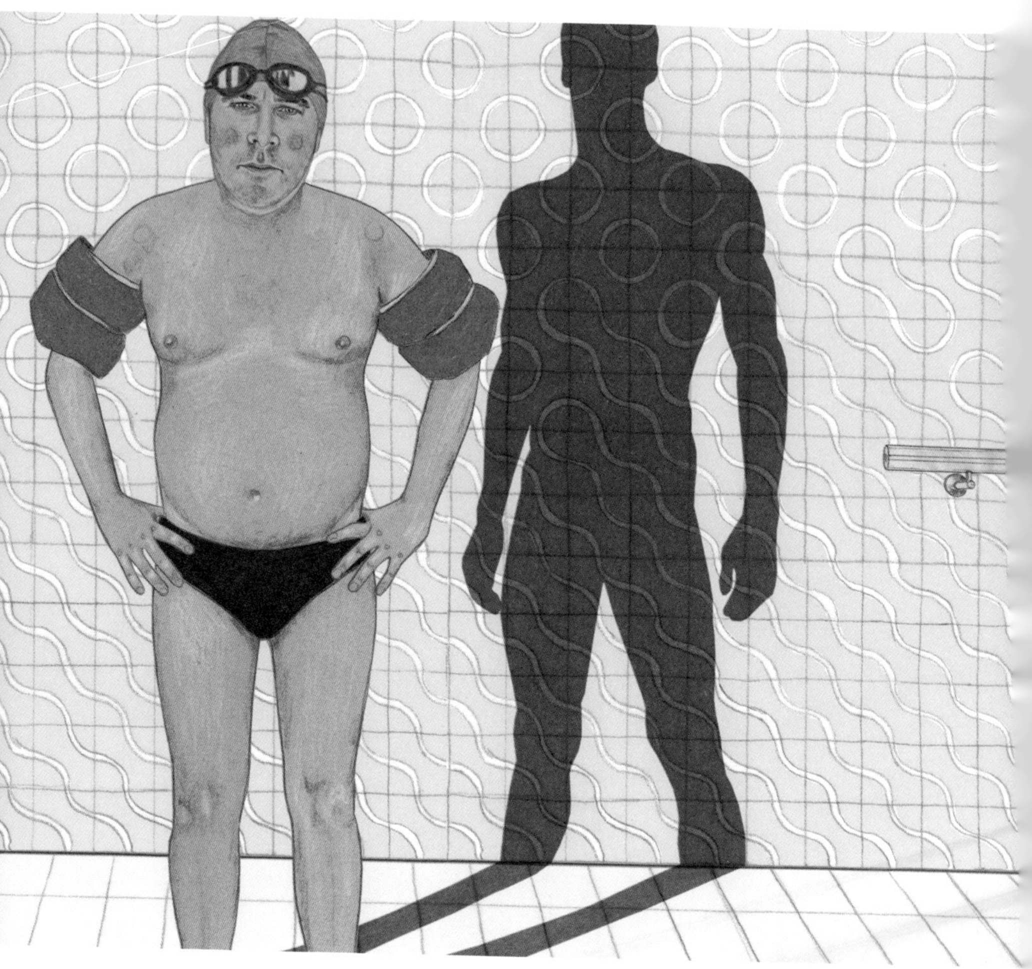

The Swimmer's Body Illusion

哈佛究竟是一所好大學，還是一所爛大學？我們其實並不清楚

有一天，身兼作家與股市交易員的塔雷伯突然發憤圖強，決心要將身上惱人的贅肉統統甩掉，於是他開始四處尋找適合自己的瘦身運動。慢跑給他的印象是既枯燥又哀怨，而健身對他來說則是既空泛又愚蠢。那麼，網球呢？好像是那些比較高雅的中產階級在從事的運動吧！找來找去，看來只有游泳最對味，特別是他所知道的一些游泳選手們，個個都擁有一副雕塑完美的好身材。就這樣，塔雷伯決定一頭栽進住家附近的一座游泳池，展開每週兩次的魔鬼訓練。過了一段不算短的時間後，有天，塔雷伯突然像是大夢初醒。他終於了解到過去這段魔鬼訓練期間，他根本就處在某種錯覺的陷阱當中。那些職業級的泳將之所以擁有傲人的完美身材，並不是因為他們進行了大量的訓練；相反地，他們之所以成為泳將，是因為他們各個原本都擁有好身材！換句話說，他們的身材其實是某種「篩選的標準」，不是他們運動的「結果」。

我們經常可以看到許多女性模特兒為化妝品代言，接觸到這類廣告的女性消費者便會興起一種念頭，以為化妝品確實可以讓她們更加明豔動人。然而，並不是化妝品讓那些女人美到變成了模特兒；相反地，這些模特兒原本就受到上天的眷顧，讓她們麗質天生地降臨在人間。也就因為她們湊巧生得美，才會被找去為化妝品代言。就如同泳將的身材那

樣，在模特兒的例子裡，美麗的容顏同樣也是一種篩選的標準，而非結果。

簡言之，**只要我們將篩選標準與結果兩者倒果為因相互錯置，我們就陷入了「泳將身材的錯覺」裡**。耐人尋味的是，若缺少這樣的錯覺，恐怕有一半以上的廣告都要失靈了！

然而，這個問題不只牽涉到性感的身材而已，讓我們另外以哈佛大學為例來說明。一直以來，哈佛總是享有頂尖學府的美譽，全世界許許多多的成功人士都是這所大學的校友。可是，我們不禁想問：哈佛大學真的是一所好學校嗎？確實的答案我們不得而知。或許這所學校本身很糟糕，但它卻網羅了全球最聰明的學生。以我本身在二十年前就讀大學的經驗來說，當時我的母校瑞士聖加侖大學（Universität St. Gallen），一直享有良好的評價。不過，要是仔細觀察一下學校的教學品質，說實在的，也只能說是普普通通而已。儘管如此，或許是什麼樣的特殊原因使然，可能招收學生時有良好的篩選機制，或者因為校區地處狹谷，所以在氣候方面有什麼特別之處，又或者因為學生餐廳的食物裡添加了什麼祕方；總之，無論如何，本校的畢業生在出社會之後，都有相當不錯的成就。

在「增加收入」這面大旗的號召下，ＭＢＡ（工商管理碩士）課程在全球各地可說是無不風行。有意參加的人都會先撥一撥算盤；顯然，根據平均統計數字，取得ＭＢＡ學位後，收入往往會增加幾成。即便學費有點貴，但在學成之後，很快就能連本帶利地賺回來，這筆帳確實怎麼算都划算！許多人經過這樣的算計，便因此上鉤了。我本人是不會去就讀那些拿統計數據騙人的學校，更何況他們的說法根本一文不值。念過ＭＢＡ與沒念過

ＭＢＡ的人，他們各以不同的方式養成，日後在收入方面的差異，可能基於成千上萬不同的原因，絕非僅只ＭＢＡ學位這一項而已。在這裡，我們又再度遇到泳將身材的錯覺這個問題，這裡也發生了將篩選標準與結果兩者倒果為因相互錯置的情形。在此，謹奉勸各位讀者大人們，當你考慮從事在職進修時，請試著在增加收入以外，找找其他的理由吧！

當我向一些幸運兒詢問他們幸運的祕密何在時，經常會聽到這樣的答案：「我們看到杯子裡裝了半杯東西，應該把它看成是『半滿』，而不是『半空』。」顯然，這些幸運兒不願去面對這樣的事實：實際上，幸運大多與生俱來，並且會在人生過程中穩定地持續著。他們似乎並不接受「他們天生就是比較幸運」這樣的說法，反倒傾向於將這一切解釋成他們總是正面看待萬事萬物的結果。**泳將身材的錯覺有時也會以「自我錯覺」的面貌出現**，所以當這些幸運兒得了便宜還賣乖地出書時，那根本就是在自欺欺人。

因此，從現在起，你最好遠離那些高唱天助自助者這類論調的書，因為這類書籍的作者百分百擁有天生的幸運傾向。從今往後，你可以將這類書所提供的「小撇步」拋諸腦後，因為你不知道，這些幸運祕訣在全世界數以億計的小人物身上，根本完全無效。可是這滿坑滿谷的不幸者，哪能有什麼機會去寫一部宣揚天助自助者這種理念的書呢？

結論：當你聽聞有人在頌揚一些令人嚮往之事，比方強健的肌肉、姣好的容顏、豐厚的收入、長久的壽命、畢露的鋒芒、幸運的祕訣等，你最好睜大眼睛，看清楚事情的真相。在你跳進游泳池前，請先多看兩眼鏡中的自己。最重要的是，千萬要對自己誠實！

03 過度自信效應

The Overconfidence Effect

為何你總是系統性地高估了自己的學識與能力

俄國女皇凱瑟琳二世（Catherine II）並不以貞節聞名於世；相反地，床第上的她曾與無數的情人翻雲覆雨。究竟凱瑟琳在一生中擁有過多少位「入幕之賓」呢？這個答案我將在下一章揭曉。在本章裡，得先請各位動動腦，我們要先借用凱瑟琳女皇的情人這個問題，測驗一下我們對於自己的學識有多少自信。要做的事其實很簡單：請你約略估計一下，凱瑟琳女皇的情人人數大概落在哪個區間。任何區間都可以，不過前提是你必須有把握所給定的區間，至少有百分之九十八的機率會涵蓋正確答案。換句話說，你的答案可能出錯的機率，最多不能超過百分之二！比如，你可以設想「二十到七十人」這樣的答案；也就是說，你估計凱瑟琳女皇的情人人數不會少於二十人，但也不會多過七十人。

塔雷伯曾經拿上述問題問我；不僅如此，他還用類似的問題問過其他數百人。例如他會問：密西西比河的長度有多長？或是：空中巴士的耗油量大概是多少？有時他甚至會問：蒲隆地共和國有多少人口？不管他提出的問題是什麼，作答的人都可以任意選定某個區間當答案，只不過必須有把握讓答錯的機率不超過百分之二。然而事實上，測試的結果卻出人意料：所有受試者答錯的比例並未低於百分之二，而是高達百分之四十！馬克・阿爾培特（Marc Alpert）與霍華・瑞法（Howard Raiffa）是最早發現這種奇特現象的兩位學者，他們將這樣的現象稱為「過度自信」（overconfidence）。

同樣問題也發生在預測方面。比如，請你預估一下來年的股市會怎麼走。或是，請你評估一下貴公司未來三年能夠達到多少營收。進行這些預測時，我們同樣會面臨過度自信效應的問題；也就是說，**我們總是系統性地高估了我們在預測方面的知識與能力，甚至可以說是嚴重地高估了。**要提醒讀者，某次估計的準確與否，並不是過度自信效應所要探討的重點。「人們確實知道的事」以及「人們自以為自己知道的事」，這兩者是有區別的，然而過度自信效應卻將它們的區別給消除了。真正令人訝異的是，專家表現出的過度自信症狀，竟然比非專家來得更為強烈！在對未來五年的油價進行評估時，經濟學教授跟一般普羅大眾同樣地不準；兩者唯一的差別，只在於經濟學教授多了一份駭人聽聞的過度自信。

涉及其他能力的情況中，過度自信效應也扮演著相當重要的角色。比方說，根據某項調查的結果顯示，百分之八十四的法國男性咸認他們是優於平均水準的好情人。倘若沒有過度自信效應的話，理論上應該只有百分之五十的法國男性會這麼認為，因為在邏輯上，「平均」即意味著有百分之五十超過，另外百分之五十則不足。

企業經營者就跟那些想結婚的人一樣，他們都確信自己能夠倖免於一些慘不忍睹的統計數字。的確，欠缺了過度自信效應，經濟活動恐怕會更為低迷。就拿餐廳經營來說，每位餐廳老闆都夢想著打造出另一間皇冠廳（Kronenhalle；瑞士知名餐廳）或波查德

（Borchardt；德國知名飯店）。殘酷的是，大部分的餐廳在開張後的三年之內，就會因撐不下去而關門大吉。更令人無奈的是，在經營餐廳這方面，長期來看個人出資的投報率竟然比零還低。換句話說，平均起來，所有的餐廳經營者其實都在補貼他們的顧客！

我們很少見到某項大型計畫比原先預定的進度更早完成，並且花更少的錢。相反地，延宕與超支到成為傳奇的案例不勝枚舉，例如打造空中巴士 A400M、雪梨歌劇院的興建、瑞士的三條哥達（Gotthard）隧道等。若這樣細數下去，這份清單恐怕會列不完。

為什麼會這樣呢？因為這裡同時有兩種效應產生了交互作用。其中一種是典型的過度自信，另一種則得歸咎於計畫中涉有直接利害關係人，他們意圖從中獲取某種「獎勵」，以致低估了成本。比方說，工程顧問、營造商及相關供應商想要得到後續更多合約；業主本身在漂亮的數字催化下，自我感覺格外良好；政客則可藉機騙得更多選票。我們將會另外專章討論「激勵過敏傾向」。在此必須要提醒讀者，上述這兩種效應其實是有所區別的：過度自信並不是出於貪圖獎勵，它是自然而然流露出的某種天真。

最後謹以三點作結：（A）沒有「過度自卑效應」這種相反現象。（B）過度自信效應在男性身上比在女性身上明顯；換言之，女性較少會高估自己。（C）不僅樂觀主義者會有過度自信症狀，悲觀主義者也同樣會高估自己，只不過程度較為輕微。

結論：**最好對所有預測抱持質疑的態度，尤其是號稱專家的人所做的預測**。從事任何計畫時，最好先有最壞的打算；如此一來，你才真正有可能務實地判斷實際的情況。

04 社會認同

Social Proof

就算有百萬人主張某件蠢事是對的，這件蠢事也不會因此就變成對的

你正在前往一場音樂會的路上。當你走到某個十字路口，發現竟有一群人不約而同望著天空；見到這般奇景的你，於是不加思索地跟著向天空望去。為什麼會這樣？這就叫「社會認同」。在音樂會中，演奏到樂曲難度最高的段落時，突然有人鼓掌叫好，這時瞬間激起滿堂喝彩；當然，其中也包括了你。為什麼會這樣？同樣也是社會認同。音樂會結束後，你前往寄物處取回大衣，這時你注意到排在前面的人都投了一點零錢在一個小盤子裡。雖然你明知票價裡已經包含寄物費用，可是你會怎麼做？你也會掏出一點零錢當小費。社會認同的意思是說：**當我的行為舉止跟周遭的人相同時，該舉止就是對的；換句話說，當愈多人認為某種想法是對的，這想法也就愈正確**。這顯然是十分荒謬的論調！

在股市裡，社會認同是潛藏在恐慌與一窩蜂這兩樣心態背後的一種弊病。許多地方也可瞥見社會認同的身影，比如流行服飾、管理技巧、休閒活動、宗教信仰，甚至減肥瘦身。有時社會認同會嚴重到危及整個文化，你可以想想那些號召群眾集體自殺的宗派。

一九五〇年時，美國心理學家艾殊（Solomon Asch）設計了一套實驗，這套實驗後來被稱為「艾氏從眾實驗」。它雖然簡單，卻能讓我們明白看出團體壓力如何扭曲人們健全的心智。實驗程序大抵如下：研究人員讓受試者觀看不同長度的線形；之後，受試者必須

寫出所看到的線形究竟比對照的線形更長、更短，還是一樣長。當受試者單獨進入受測室裡進行實驗時，每位都能正確地回答出所有線形的長短關係，因為這確實是項十分簡單的任務。不過，當受測室裡多了另外七名受試者時，情況就不同了。這七名突然冒出來的受試者，其實是研究人員故意安排的暗樁，他們要聯合起來演一齣戲。這群暗樁會接二連三地一同給出錯誤的答案；也就是說，明明看到的線形就是比對照的線形來得長，他們卻會說比較短。經過一陣混淆視聽之後，真正的受試者便上鉤了。有百分之三十的測驗，真正的受試者會去配合這些暗樁，給出同樣錯誤的答案。這種反應純粹是出於團體的壓力。

為何我們會這麼做？經由過去的演化過程，我們證明這樣的行為隱含一種相當理想的生存策略。請想像一下：你穿越時空回到五萬年前，與你的朋友們在古時候的塞倫蓋提（Serengeti，非洲坦尚尼亞西北至肯亞西南地區）草原上狩獵或採集。突然間，你的伙伴們不曉得看到什麼，拔腿就跑，這時你會怎麼辦？你會站在原地搔搔頭，想一想自己看到的是一頭獅子，還是一頭看來像獅子、實際上卻無害的動物嗎？不會。這時你也會爭先恐後地跟著朋友們拔腿狂奔，盡速逃離現場。至於那些思考的事，可以等你跑到一個安全的地方後再說。殘酷的事實是，那些不照做的人，恐怕自此從基因庫裡永遠消失。這樣的行為模式深深烙印在人類身上；即便到了今日，就算在一些不會製造什麼生存優勢的場合，它依然頑固地運行著。我唯一想得到可以利用社會認同的情況，就是當你手上有一張足球賽的門票。這場球賽是在別的城市舉行，而你剛好不曉得球場座落在那座城市的什麼地方。這時，社會認同就有其意義：你可以找一群看起來像球迷的人，然後跟在他們後頭。

此外，喜劇與脫口秀也會利用社會認同。他們會在設計好的「梗」上安排一些罐頭笑聲，藉此讓觀眾們跟著發笑。戈培爾（Paul Joseph Goebbels）★一九四三年的演說《你們要總體戰嗎？》（*Do You Want Total War?*），則是另一個讓人印象深刻的例子。倘若是在個別與匿名的情況下詢問觀眾，恐怕沒有人會贊同戈培爾如此荒謬的提議！

廣告也會利用我們在社會認同這方面的弱點。在人們無法看清全局的情況中，廣告可以藉由社會認同發揮出最佳效果（比如汽車品牌、清潔用品、美容商品等，它們的數量人們無法掌握，而且沒有明顯的優缺點）。此外，廣告中出現與你我相似的人物時，也能發揮出最好的效果。這就意味著，你不必費事去找廣告裡有無非洲婦女在為清潔用品代言。

當你聽到某間廠商宣稱自己的產品是市場上的銷售冠軍時，請自動對這樣的說法打上一個問號。如果你仔細想想，自然就能發現這類論調真的有夠荒謬：為什麼某個產品是銷售冠軍，就代表它真的比較好呢？英國小說家毛姆（William Somerset Maugham）曾經說過，就算有五千萬個人主張某件蠢事是對的，這件蠢事也不會因此就變成對的。

附上前一章的解答：俄國女皇凱瑟琳二世大概有四十個情人，其中可以確認身分的有二十位。你猜對了嗎？

★一八九七—一九四五，納粹德國時期的國民教育與宣傳部部長，以激烈的公開演說聞名。

05 沉沒成本謬誤

The Sunk Cost Fallacy

為何你不該留戀過往

這部電影簡直爛到爆！看了將近一個小時後，我再也受不了，於是輕聲在老婆大人耳邊說：「走吧，我們還是回家算了。」想不到她竟然回答：「當然不要！這樣不就白白損失了三十歐元的電影票嗎？」聽到這樣的回覆，我不禁反駁道：「這根本不是理由，妳掉進『沉沒成本謬誤』的迷思裡啦！」她聽了之後，相當不以為然地回我一句：「是啊！你總是三句不離思考錯誤。」接著便像啞巴吃黃蓮似地，在嘴裡嘟囔著「思考錯誤」……

第二天我參加一場銷售會議，會中討論到公司的廣告策略。先前公司所打的廣告，到開會當時已經持續四個月之久；無奈在許可的預算範圍內，廣告始終未能達到預期的效果。於是我贊成壯士斷腕，立刻將廣告停掉。不過，廣告部主管可不這麼認為，他不但反對我的看法，還提出這樣的理由：「我們已經在這次的宣傳計畫上投下不少資金，要是現在停下來，不就血本無歸了嗎？」就連這位主管級人物，也是沉沒成本謬誤的受害者。

我的一位朋友長年飽受一段問題重重的孽緣所苦。這段孽緣的女主角總是一再劈腿，可是當她每回偷吃被逮，她又會聲淚俱下向我的朋友苦苦哀求，希望能再給她一個改過自新的機會。耐人尋味的是，儘管我朋友心知肚明跟這個女人繼續糾纏毫無任何意義，他卻總是一再心軟。有回我問他何苦要這樣作賤自己，他跟我解釋道：「這段感情我已經投下許多心血，就這麼讓它結束，或許是不對的吧？」還能說什麼，典型的沉沒成本謬誤！

不論在私生活還是公務方面，每個決定終歸是在某種不確定的環境下做成。我們所期盼的最終也許會心想事成，但也許不會。然而不管在什麼時刻，我們都可以就此離開原本規畫好的路徑，比如當機立斷中止某項正在進行的計畫，並勇敢接受隨之而來的後果。這種在不確定環境下所做的權衡，其實是種理性的舉措。如此一來，沉沒成本謬誤便會應聲腰斬，尤其在已經投入大量時間、金錢、精力或感情等情況下，效果更為顯著。比方在某些情況裡，儘管就客觀角度看來，繼續經營下去根本毫無意義，可是已經投資下去的資金，這時就會變成我們繼續經營下去的理由。無奈的是，當投資金額愈來愈大時，沉沒的成本也會跟著愈來愈多，如此反而會惡性循環地把我們跟原先正在進行的計畫綁得更緊。

股民們經常是沉沒成本謬誤的受害者。他們時常以買進股票的價格作為出場參考價；某檔股票上漲超過買進價格時，他們就會想賣。相反地，倘若某檔股票下跌超過買進價格時，他們就不會賣。然而，這樣的想法其實相當不理性。事實上，買進價格根本不該扮演任何角色，真正重要的是所買賣的那一檔股票，未來的行情究竟會如何（還有，以未來行情來看，究竟有沒有其他的投資選項）？每個人都會犯錯，尤其在股市裡更容易如此。然而在股票交易市場裡，與沉沒成本謬誤有關的悲慘笑話就是：**當你在某檔股票上被套得愈牢，你就會把那檔股票抱得愈緊！**

為什麼我們會有這麼不理性的行為呢？原因在於人類總是追求某種表面上的和諧穩

定；有了和諧穩定，我們才能夠傳遞出信賴感。反覆無常對我們來說是件相當可怕的事。如果突然決定要把某個進行到一半的計畫喊卡，這時就會在我們身上引起某種反覆無常的衝突。我們甚至會追悔莫及地怨懟自己道：「早知如此，何必當初！」然而，繼續進行一個毫無意義的計畫，能夠延緩面對痛苦的現實，也能讓我們處在某種表面上的和諧穩定。

協和號（Concorde）的建造計畫也是一個適例，它說穿了就是一個國際級錢坑！雖然共同參與投資的英、法兩國早已心知肚明，根本不用指望這種超音速飛機可以正式營運，但兩國竟然仍持續地大舉加碼。之所以這麼做，不過就是為了保存兩國的顏面，因為要是中途放棄，無異是在跟全世界示弱。也因為這件案例，沉沒成本謬誤有時會被稱為「協和號效應」（Concorde effect）；這個效應不僅是指成本考量下的錯誤決定，在某種程度上，更是指災難性的錯誤決定。越戰也是如出一轍，美國政府之所以延長戰爭，理由就在於：「為了這場戰事，我們已經犧牲許多官兵的性命；若就此停戰，將會是錯誤的決定。」

「我們到現在都已經走這麼遠了……」、「我已經看了這本書這麼多頁了……」、「我念這個科系都已經兩年了……」從這些話裡不難看出，沉沒成本謬誤早已在我們的腦海裡根深柢固。

為了完成某件事而持續加碼，可以基於其他很多好的理由，但千萬不要執著於這個爛理由：你已經投注許多在上頭！理性地做決定應該意味著：你可以忽視那些已經壓上去的成本。不管你已經投入了什麼，真正唯一該考慮的是當下，以及你所決定的未來！

06 互惠

The Reciprocity

Verpflichtung：義務

為何你不該讓人請喝東西

幾十年前，正當嬉皮文化處於全盛時期，只要經過各大小車站或機場，都可以遇到一些屬於「克里希那教派」（Krishna-Sekte）、身著粉紅色長袍的年輕人，他們會送給每個過往的旅客一朵小花。這些年輕人不多說話，通常就是一句問候加上一個微笑，如此而已。有些過往的商人雖然不曉得收下這樣一朵小花之後到底要做什麼，可是為了不想讓對方感到不禮貌，他們多半還是會收下。若是真有人拒絕收下，就會聽到這些年輕人極為溫和地勸說道：「請您收下它吧！這是我們對您的一片心意！」

要是有人走到下個街口，想把這朵花丟進垃圾桶裡，他或許會赫然發現垃圾桶裡早已塞滿了這樣的花朵。不過，這可還沒完；當你因為把花丟掉而感到良心不安時，下一回你可能就會遇到一位克里希那教派的青年來請你捐錢，而且十之八九他們都能得手。這樣的募款方式顯然可以撈到不少油水；不過，許多機場的管理單位卻也因此禁止各種宗派在他們的地盤上斂財。學者羅伯特・齊歐迪尼（Robert Cialdini）★曾經對這種「互惠」的現象進行過深入研究，最後他得出結論：**人類其實很難抵擋虧欠感！**

記得幾年前，有一對夫妻邀請我太太跟我抽空與他們共進晚餐。我們認識這對夫妻已經有很長一段時間，他們為人相當和善，美中不足的是，他們似乎過於木訥。由於實在找不出什麼推辭的好藉口，我們也只好答應赴約。然而，該來的總是要來；當天晚上在他們家的那場晚餐，簡直是無聊到了極點！儘管如此，我們還是覺得有義務在幾個月之後，回請他們到我們家裡吃晚餐。就因為這種互惠的強迫性，我們在生命當中又平添了一個呵欠連連的夜晚。可是這對夫妻顯然不這麼覺得。幾週之後，他們竟然又興致勃勃地請我們到他們家去續攤！我完全可以想像，有些人經年累月痛苦地處在這種純粹出於互惠的週期循環裡，就算早已認為最好還是跳脫這樣的惡魔迴圈，但終究還是辦不到。

許多非政府組織（NGO）都是採取克里希那教派的模式進行募款。他們會先給別人一點甜頭，接著再伸手向人要錢。就拿我來說，上個星期我就收到了由某個自然保育組織所送的一套明信片，它們看起來價值不斐，上頭盡是些十分動人的田園風光。連同明信片一起附上的信則是這麼說：這套明信片是贈與我的禮物，不論我捐款與否，都能夠保留它。我想不用多說，大家應該也能夠體會，要把這套明信片就這麼直接丟進垃圾桶，還真的需要一點狠心與冷血！在某些情況裡，像這種軟性的勒索還有另一個名字：賄賂。實際上，在所有經濟活動裡，這類情況屢見不鮮。比方說，某家製造螺絲的廠商招待他的潛在客戶去觀賞歐洲冠軍盃（Champions League）的比賽；一個月之後，這家廠商就拿到了那位受招待客戶所下的訂單。想要擺脫虧欠感的念頭，強烈到讓買家最後不得不乖乖就範。

互惠其實是一種源遠流長的生存方案，它的基本原理很簡單，就是「我幫助你，你幫助我」。在所有面臨著食物來源高度不穩定的動物物種身上，都可以見到互惠的蹤影。假設你是一個狩獵者兼採集者，某天你很幸運地獵到一頭鹿，可是你顯然無法在一天之內就將這頭鹿給吃完。在沒有冰箱可以把鹿肉保存起來的情況下，你只好把這頭鹿分給團體裡的其他成員；其他成員們的肚子其實就是你的冰箱。這麼一來有個好處，往後當別人獵到東西時，你同樣也有機會分一杯羹；尤其當你手氣欠佳時，你也不至於挨餓。這是一種極佳的生存策略。換句話說，互惠其實是一種很有效的風險管理。要是沒有互惠的話，人類與無數的動物物種恐怕早已絕種了。

然而，互惠也有其醜陋的一面，那就是「報復」。在成年人的戰爭裡，便可見到冤冤相報的慘況。耶穌曾昭示我們，要是我們被人打了一邊臉頰，就把另一邊也轉過來給那人打；如此一來，便可止住冤冤相報的惡魔迴圈。顯然，對我們來說，要做到耶穌開示的那樣，實在是太困難了。互惠早已是人類奉行了超過上億年、且根深柢固的生存方案！

不久前，有位女士跟我解釋，為什麼在酒吧裡她再也不讓別人請她喝東西：「因為我不想因此下意識地覺得，我有義務跟請我喝東西的人上床！」這顯然是十分地明智。下回有人在超市裡請你品嚐美酒、乳酪、火腿或橄欖時，你應該就會明白，為何你最好婉拒。

★一九四五年生，美國亞利桑那州立大學心理學系榮譽教授，「社會影響力」方面的專家，曾先後為微軟、可口可樂等知名企業擔任顧問，著有《影響力》（*Influence: The Psychology of Persuasion*）、《透視影響力》（*Influence: Science and Practice*）等書。

07 確認偏誤（一）

The Confirmation Bias (Part 1)

當你見到了「特殊情況」這種字眼，請格外小心

格勒想要減肥，他屬意「ＸＹＺ餐單」。每天早上他都會站到磅秤上量一量體重，要是比前一天少了一些重量，他就會笑逐顏開地把成果歸功於餐單的功效。反之，若是比前一天增加了一點重量，他就會將這樣的結果看成是正常的波動，並且把它拋諸腦後。幾個月下來，格勒一直活在某種錯覺當中；儘管他的體重絲毫沒有改變，他卻依然認為ＸＹＺ餐單是有效的。格勒就是「確認偏誤」的受害者之一；不過還好，他是屬於無害的那一型。

確認偏誤是所有思考錯誤之母。這是一種將新資訊解釋成合乎既有理論、世界觀或信念的傾向。換句話說，凡是牴觸既有觀點的新資訊（以下稱之為「否證證明」〔disconfirming evidence〕），我們便會自動地將它們過濾掉。這麼做其實相當危險，因為赫胥黎（Aldous Huxley）曾經告誡過我們：「事實不會僅因它們被忽略就不再存續！」儘管如此，我們的所作所為，卻總是朝這句話的反方向走。關於這一點，股神巴菲特（Warren Buffett）想必是了然於胸，因為他曾經說過：「人們最會做的事，無非就是把新資訊過濾到讓既有的想法得以完整無缺地保持下去！」這或許就是巴菲特會這麼成功的原因吧，他很清楚確認偏誤的危險，從而強迫自己要反向思考。

在經濟活動中，確認偏誤肆虐得尤其嚴重。比方說，某個公司的監事會表決通過了一

項新策略；接下來，所有暗示這項策略將獲得成功的種種跡象，都被拿來大肆地慶祝。人們舉目所及，統統都是這項策略奏效的跡象。至於那些反面的跡象，不是根本沒被看到，就是被當成「特殊情況」或「無法預見的困難」，直截了當地加以忽略了。這個監事會顯然對於否證證明完全視而不見。

那麼，我們該怎麼辦呢？每當出現「特殊情況」這樣的字眼時，更加仔細地停、看、聽，絕對是值得的。因為那些看來完全不起眼的否證證明，往往就躲在特殊情況的後面。關於這一點，我們最好拿達爾文（Charles Darwin）當作我們的榜樣。從青少年時期開始，達爾文便一直有計畫地與確認偏誤周旋；每逢他的觀察與理論發生牴觸時，他總是會特別認真地對待這些發生牴觸的觀察。一直以來，他隨身都帶著一本筆記本，強迫自己必須在三十分鐘之內，將那些與他的理論相矛盾的新觀察記錄下來。他很清楚，一旦三十分鐘過後，我們的大腦便會主動將否證證明給遺忘！當他愈堅信自己的理論，他便會愈積極地去尋找與自己理論矛盾的新觀察。我還能說什麼呢？只能說：讚啦！

下面所要介紹的這個實驗，將會告訴我們質疑自己採取的理論，得要耗費多大力氣。某位教授給受試學生們看一張紙，這張紙上頭寫了一排數字，數字的排列方式是：二－四－六；學生們的任務則是要找出教授預先寫在這張紙背面的排列規則。受試學生可以提出想要在下個序位填上的任何數字，而主試教授則會針對所提數字，回答「與規則相符」或「與規則不符」。受試學生可以無限制地提出各種數字，直到他們覺得滿意為止。不過，猜測排列規則的次數僅以一次為限。大部分的學生都提出了「八」這個數字，而教授則回答：「與規則相符！」為了保險起見，學生們又陸續嘗試了「十」、「十二」、「十四」等數字，教授每次都同樣地回答：「與規則相符！」於是學生們便得出了一個簡單的結論：「這項排列規則就是：前一個數字加二即為下一個數字。」聽了這個答案之後，教授搖搖頭表示：「那不是這張紙背面所寫的規則喔！」

在這群學生中，有位腦筋特別靈活，他以不同於其他學生的方式進行這項測驗。首先他試試「四」這個數字，教授回答他：「與規則不符！」那麼「七」呢？「與規則相符。」接著，這位學生又試了一連串不同的數字，諸如「負二十四」、「九」、「負四十三」等等。顯然，他應該對數字的排列規則有了想法，只不過一直在嘗試去「證偽」自己的想法！直到再也找不出任何反例之後，這位學生終於表示：「這項排列規則就是：後一個數字必須比前一個數字大。」這時，教授將寫有排列規則的紙張背面給翻了過來，這位學生提出的果然就是正確答案。到底聰明的他跟同學們差在哪裡呢？他們之間的差別就在於，正當同學們想要去證明他們自己的理論時，這位聰明的學生卻試著要去證偽自己的理論；也就是說，他有意識地在尋找否證證明！落入確認偏誤的窠臼之中，其實並不是什麼智力方面的「跌股」。至於確認偏誤如何影響我們的生活？請待下回分解。

08 確認偏誤（二）

The Confirmation Bias (Part 2)

幹掉你的寶貝

在上一章，我們認識到所有思考錯誤之母，也就是確認偏誤；本章將繼續舉幾個相關事例。生活在這世界的每一個人，都不得不對世界、生活、經濟、投資、事業等問題採取某些理論。基本上，一個人若完全沒有任何想法，所有事情都會變得寸步難行。然而，當理論愈是含糊不清、模稜兩可，確認偏誤的效應也會愈發增強。抱持人性本善這種觀點過日子的人，日常生活中顯然可以找到許多足以證明性善論的例證。可是，抱持人性本惡這種觀點過日子的人，同樣可以找到許多足以證明性惡論的例證。無論性善論者還是性惡論者，兩者統統都將否證證明過濾掉了，只刻意留下那些能夠證實他們所持觀點的證據。

占星師與經濟專家也秉持著同樣的原則。他們總是盡量含糊不清，宛如用一塊大磁鐵，將各種可能的說法全吸到身上。比如「接下來的幾個星期，你會經歷一些悲慘的狀況」，或是「中期看來，美元的貶值壓力會逐漸增高」。什麼叫「中期」？什麼又叫「貶值壓力」？貶值是相對於什麼東西呢？是對黃金、日圓、披索、小麥、柏林十字山區（Berlin-Kreuzberg）的不動產，還是對咖哩香腸的售價？

此外，由於哲學與宗教信仰的內容經常含糊不清，這兩個領域也十分容易成為確認偏誤的溫床。在這些領域裡，確認偏誤如脫韁野馬般恣意橫行。信徒們動輒宣稱瞥見了上帝存在的明證，可是除了在沙漠或一些偏遠山區的小村莊裡，上帝會直接顯現於一些文盲面前；在大城市如法蘭克福或紐約，從來也不見上帝的蹤影！這一點便明白指出了確認偏誤的效應究竟有多強：即使是最強有力的反駁，都會被自動地過濾掉！

在確認偏誤這方面，沒有哪種行業比財經記者中毒更深！他們經常隨便提個空洞理論，再附上兩三個所謂的佐證，一篇報導就這樣大功告成。比方說，某位記者先指出：「Google 之所以如此成功，全是因為公司內部具有優良的創造力文化。」接著，他便會再找兩三家公司，它們同樣具有創造力文化，也同樣成功（就是去找幾個「確認證明」〔confirming evidence〕），把這些例子拿來當作佐證。然而，這位記者卻不會花任何力氣找出一些否證證明；也就是說，去找一些同樣具創造力文化、卻經營得並不成功的公司，或者不具創造力文化、卻經營得很成功的公司。上述這兩種公司其實所在多有，但這位記者卻刻意將他們忽略。不過，這也不該苛責財經記者，要是他們把這些反例提出來，他們的報導或許就銷聲匿跡了。然而，要是真有報紙願意刊登這種反例報導，本人一定會歡喜地拜讀，因為在一堆無用的半吊子研究中，這樣的報導真是猶如滄海明珠啊！

許多傳授生活智慧或成功祕訣的叢書，也是根據這同樣的原理而寫成；一些最空洞的理論，就在這些書裡被端上桌。比方說，某位作家向我們開示：「沉思是通往幸福的關鍵！」當然，這位作家必定會在後頭附上不勝枚舉的各種適例。相反地，他不會白費力氣去找一些否證證明，比如不沉思但很幸福的人，或者沉思卻並不幸福的人。一想到有千千萬萬的讀者上了這類書的當，實在令人不禁悲從中來。

之所以會造成這樣的不幸，原因就在於我們始終無意識地保持著確認偏誤。我們當然不會樂見自己的信念被穿了一個孔，可是真實的情況並非如我們所想：我們築起了一道防護罩，順利地將攻擊我們信念的東西全部擋掉！真正的情況是：我們像是遭到裝有滅音管的槍枝射擊；縱然沒聽到槍聲，子彈卻已經在我們的信念上扎扎實實地轟出了一個洞。

借助網際網路，我們可以很容易地與一些志同道合的網友串聯起來，比如我們會去閱讀一些能夠強化既有信念的部落格。可是資訊量身訂做的結果，卻會造成相反的意見再也無法顯現在個人的雷達上。在這樣的情況下，我們的行為會愈益與具有同樣想法的社群緊密結合。如此一來，只會更為惡性循環地加強確認偏誤的效應。

那麼，我們該如何保護自己免受確認偏誤之害？奎勒考區（Arthur Quiller-Couch）有句話頗值得我們參考：「幹掉你的寶貝。」（Murder your darlings.）這位英國文學評論家以這句話描述某類作家；這類作家經常會花很大力氣把一些華而不實的句子刪掉。奎勒考區的呼籲不僅適用於那些喜歡舞文弄墨的爛作家身上，更適用於我們每一個人。結論是：請勇敢對抗確認偏誤！將你的一些信念寫下，不管是關於信仰、投資、婚姻、養生、瘦身或事業規畫都好，然後試著找出這些信念的否證證明。要幹掉自己鍾愛的理論，確實是一項艱鉅的任務；可是一旦你的心靈真的開了竅，確認偏誤就不會一直跑來跟你糾纏。

09 權威偏誤

The Authority Bias

為何你該藐視權威

《聖經》的第一卷便明白地昭示我們，當人類不再畢恭畢敬地服從那至高無上的權威時，我們會有什麼下場：人類將從此被逐出伊甸園。當然，一些沒那麼至高無上的小權威，也想在我們身上試試身手，像是政治專家、科學家、醫師、執行長、經濟學家、政府官員、球評、企業顧問、股市大師等等，多不勝數。

「權威」掀起了兩個問題，首先是：權威的成功率實在令人啼笑皆非，不敢恭維。在這個世界上，大概有百來萬個訓練有素的經濟學家，卻沒有半個能夠準確地預測到金融危機究竟會於何時到來；更不用說從不動產泡沫的破滅到信用違約交換（credit default swap）的崩潰，一直到引爆大規模的經濟危機這整個發展過程，我想，沒有其他哪一類專家曾經發生過比這些經濟學家更駭人聽聞的失靈了！另外一個例子則與醫學有關，一些晚近的相關研究證明：一直到一九〇〇年之前，病患不去看醫生會比去看醫生來得好，因為當時醫生的看診環境比病患自己家裡還要糟（當時看診的衛生條件很差，醫生又喜歡用放血或是其他一些不像樣的醫療方法）。

從後見之明的角度看來，權威其實經常是錯的；不過這只是其中的一個問題，何況犯錯是人的天性啊！權威所掀起的另一個問題，則是出於以下這項更為嚴重的事實：**在面對**

權威時，我們的獨立思考就會不由自主地矮一截！我們面對專家的意見，會比面對其他人的意見更不小心。習慣上我們就是會去服從權威；即使某些場合中這樣的盲從根本毫無意義，我們還是會這麼做，而這就是所謂的「權威偏誤」。

最能夠明白揭露權威偏誤這種效應的例證，莫過於一九六一年心理學家米爾格拉姆（Stanley Milgram）所做的一項實驗。在實驗過程中，受試者會被帶到一個房間；他可以透過玻璃看到隔壁房間裡還有另一個人。受試者的任務就是聽從主試者的號令去操作電流開關，逐步地往另一房間的那個人身上釋放電流。剛開始先從十五伏特起跳，接著升高到三十伏特、四十五伏特，就這樣一路升上去，最後到達幾乎可致人於死的四百五十伏特。看著受凌虐的人不斷地哀號與顫抖（這位受虐者其實是由一位演員扮演，他的身上並沒有通電），受試者幾度有意想要中斷實驗，可是米爾格拉姆教授卻在一旁平心靜氣地說：「沒關係，接著做，這個實驗本來就是要這樣。」一聽到「教授」都這麼表示了，絕大部分的受試者也就放心地繼續做下去。在所有受試者中，最後竟然有半數以上，一路將電壓調到最高點！他們之所以會這麼做，純粹只是服從權威。

過去幾十年中，許多航空公司也學到了權威偏誤可能造成的危險。根據事後調查，多數飛安事故都如出一轍：機長犯了某個嚴重錯誤，副駕駛明明已經發現，但礙於對權威的信賴，竟然不敢當面道破機長的疏失。過去十五年來，幾乎所有航空公司的機師都要參加「機員資源管理」（Crew Resource Management）的訓練；在那裡，所有機師都得學習如何迅速、坦然講出自己察覺到的錯處。換句話說，他們努力地訓練自己克服權威偏誤。

在克服權威偏誤上，其他許多產業比這些航空公司至少落後了數十年！尤其是在那些由單一執行長呼風喚雨的公司裡，公司同仁們更是容易處在巨大的權威偏誤風險之中，這對公司而言是相當大的傷害。

專家們總是希望自己能被人認出來；為此，他們必須想辦法突顯自己的身分。於是，醫師以及研究人員便穿起了白袍，銀行經理則著西裝打領帶（領帶其實沒什麼實際功能，只是一種象徵而已），國王戴起了王冠，軍人配上了軍階。而在天主教教會裡，從古至今更是精心打造了許多美不勝收的權威信物。時至今日，權威的象徵也發展出了一些其他的變形，像是受邀上脫口秀節目或是出書等等。

在歷史上，每段時期都有不同的權威當紅，有時候是神職人員，有時候則是國王、戰士、教宗、哲學家、詩人、搖滾巨星、電視節目主持人、網路公司創辦人、對沖基金經理人，甚至可能是央行總裁等。原則上，在人群之中總是會產生某種典範權威，而整個社會則都樂於追隨。然而，要是具有權威的人認真地想要撈過界，就有可能造成全然荒謬的窘境，比方職業網球明星去推薦咖啡機，或是女明星去賣頭痛藥。在「月暈效應」那一章裡，我們將會提到更多的相關內容。

下回當你遇到「某某」專家，請試著勇敢挑戰他，並且堅定地貫徹到底。當你愈能帶著批判的態度去面對各種權威，你就愈自由。如此一來，你也可以愈加相信自己！

10 對比效應

The Contrast Effect

為何你最好別找模特兒等級的朋友一道出門

在齊歐迪尼所寫的那本《透視影響力》一書中，他曾經提到一對兄弟所發生的故事。這對兄弟一個叫希德，另一個叫哈利。一九三〇年代，他們兩個一起在美國經營一家服飾店；希德負責招呼客人，哈利則負責製作衣服。每當希德發現有顧客對某件衣服十分傾心，因而在鏡子前流連忘返時，他便會故意裝作有點重聽。倘若客人果然過來詢問價錢，希德便會提高嗓門問他的兄弟：「喂！哈利，這件西裝多少錢？」正在裁縫桌旁工作的哈利則會探出頭來望一望，然後回答：「那件精美的棉質西裝要四十二美元喔！」這在當時是個令人咋舌的高價。接著，希德會假裝沒聽到多少錢似地再問一次道：「你說多少錢啊？」哈利則一搭一唱地重複先前的報價：「四十二美元啦！」這時希德便會轉過來向他的顧客說：「他說二十二美元！」說時遲，那時快，聽到這個價格之後，喜出望外的顧客便以最快速度掏出二十二美元擺到桌上，趁「可憐的」希德還沒發現「錯誤」之前，趕緊將這件昂貴的西裝拎出店外。

你以前在學校念書時，或許也曾做過接下來介紹的這項實驗。你先準備好兩只水盆，然後在其中一只水盆裡注入溫水，另一只水盆裡注入冰水。接著，先將右手放進裝有冰水的水盆裡一分鐘；過後，再將雙手同時放進裝有溫水的水盆裡。這時你感覺到了什麼呢？

在溫水當中，你的左手會感覺到溫溫的，可是右手卻會感覺到燙燙的。

不管是希德與哈利兩兄弟的故事，還是水溫實驗，它們兩者都是基於同一種效應——「對比效應」。對比效應的意思是說：**當我們在觀察事物時，若同時出現某個可供參照的對象，而這個對象較醜、較便宜或較小，我們就會因此判定原本所觀察的事物較美、較貴或較大**。對我們來說，要做到「絕對」的判斷，其實是一件十分困難的事。

對比效應是一種經常出現的思考錯誤。比如，你會為你的愛車訂製一套價值三千歐元的皮質座椅，因為跟價值六萬歐元的車子比起來，這套座椅的價格顯然微不足道。所有靠裝飾或裝潢來賺錢的相關行業，往往都可以利用這套幻術。

然而，對比效應有時也會在別種場合發生作用。根據一些實驗的結果顯示：如果所要購買的標的是食物，那麼人們會為了節省十歐元，而寧願多走十分鐘的路。可是如果所要購買的標的是一件原價九八九、打折之後變成九七九歐元的西裝，就沒有人會為了節省十歐元，而甘願多走十分鐘的路。這顯然是一種不理性的反應，因為十分鐘就是十分鐘，而十歐元也一樣是十歐元。

假如沒有對比效應，以折扣來促銷的手法就會變得完全難以想像。從一百歐元打折成七十歐元的商品，感覺上就比原價七十歐元的商品來得物美價廉許多。可是事實上，**我們不該去考慮「原價」**。最近有位股票投資人跟我說：「某檔股票現在很便宜；相對於它先前最高的股價，現在已經是接近腰斬了！」聽了他的話之後，我不禁搖搖頭。股票的行情從來就沒有真正的「低」或「高」；股價就只是股價。事實上，唯一該考慮的問題只有：在這個時點上，股價究竟會漲還是會跌？

我們對於對比效應的反應，就如同小鳥對於槍聲的反應一樣；我們會倏地激起強烈的反彈，瞬間變得無法冷靜思考。在這種情況下，對於一些微小的細節，或是一些正在進行中的變化，我們便無從察覺。比方說，扒手就會利用這樣的原理偷走你的手錶；他們會在你身體的其他部位施加較強的壓力，如此一來，當他們觸碰你的手腕時，你便幾乎無法察覺。同樣地，我們也很少會注意到錢是怎麼愈變愈薄。我們的金錢其實一直在流失它的價值，可是我們卻很難察覺，只能乖乖地坐以待斃，因為通貨膨脹總是以漸進的方式一點一滴地發生。然而，如果通貨膨脹是以一種橫征暴斂的稅賦形式加諸在你我身上，那麼我們肯定會群情激憤地起而抗暴。

有時，對比效應也可能會誤了你的一生！比方說，某位條件很好的女性竟然嫁給了一位條件普通的男性，到底是為何？因為這位女性的父母很糟；相形之下，這位普普通通的男性便顯得比他的實際條件更好。最後要提醒各位讀者：在超級名模們代言的許多廣告不斷狂轟猛炸之下，即使一些容貌姣好的素人美女，也要感嘆相形失色。因此，倘若妳是一位正在尋找另一半的未婚女性，妳最好別跟模特兒等級的女性友人一道出門，因為男士們會因此低估了妳實際具有的魅力。妳最好一個人出門，若是可以的話，帶上兩個比妳醜的女伴一起去參加派對，那會更好！

11 現成偏誤

The Availability Bias

為何你寧可聊勝於無地使用一張錯誤的地圖

你或許偶爾會讀到這樣的句子：「他每天抽三包菸，就這麼抽了一輩子，但他還是活超過了一百歲，可見抽菸並沒有人們所想的那麼有害健康！」或是：「漢堡（Hamburg）真是個安全的城市！我認識一位朋友住在布蘭肯內澤（Blankenese；漢堡近郊的高級住宅區），他出外度假時從來不鎖門，可是他家也沒有遭小偷光顧過！」類似這樣的句子都想要證明些什麼，可是實際上，它們什麼也沒能證明！讀了這些句子後信以為真的人，便是落入了「現成偏誤」裡。

請你猜想一下，在德文中，究竟是R開頭的單字較多，還是R結尾的單字較多呢？正確答案是：在德文中，以R結尾的單字要比以R開頭的單字多出一倍。然而，大部分被問到這個問題的人都答錯了。為什麼會這樣？原因很簡單，我們可以比較迅速地想起R開頭的單字；換句話說，對我們而言，R開頭的單字相對較容易支配。

現成偏誤的意思就是說：**我們會借助一些易取得的現成例證，為自己描繪出一幅世界圖像**。這麼做當然十分愚蠢，因為我們主觀上容易理解與接受的世界，在現實上往往都不是我們所想的那樣。

感謝現成偏誤，我們帶了一張錯誤的冒險地圖去闖蕩這個世界！在現成偏誤的作用下，我們總是系統性地高估了墜機、車禍或謀殺等事故的致命風險；相反地，我們卻總是低估一些較不引人注意的致命風險，比如糖尿病或胃癌等等。真正死於炸彈攻擊的人比我們想像的來得少，可是死於憂鬱症的人卻比我們想像的來得多。在面對所有轟動的、響亮的、惹人注目的事情時，我們往往會自動替它們增加幾分可能性。相反地，對於那些沉默的、能見度低的事情，我們往往也會自動替它們減少幾分可能性。在我們的腦袋裡，轟動的、響亮的、惹人注目的事物，比起與它們相反的那些事物更具有可支配性。**我們的大腦是根據「戲劇性原則」在思考，不是根據「量化原則」**。

醫師們中現成偏誤的毒尤其深，他們多半擁有一套自己特別偏好的診療方法，且總是將這套方法應用在所有可能的狀況上。在某些個案中，或許有別的診療方式更為合適，可是醫師們鮮少會把腦筋動到那裡去，於是他們便一直以所熟悉的那一招半式來「懸壺濟世」。企業顧問也好不到哪裡去，當他們好死不死碰上一個完全陌生的狀況時，他們並不會就這麼雙手一攤感嘆道：「我實在不曉得能夠給你什麼建議！」不，相反地，他們仍舊會祭出平常耍慣了的那一套，設法為你擠出一些建議，完全不理會那到底管不管用。

經常反覆出現的一些事情，我們可以很容易地從大腦記憶庫中提取出來，至於這些事情是否屬實，那可一點也不重要！在納粹執政時期，領導階層不斷重複著「猶太人問題」（Judenfrage）這個字眼。在這樣的情況下，群眾們逐漸被催眠，甚至到了後來，幾乎全民都相信他們正面臨著這樣一個嚴重的問題。只要「幽浮」、「生命能量」或是「因果報應」這類字眼一再出現，當人們聽得夠多時，有天他們就會真的相信這些了。

現成偏誤這條蛀蟲也潛伏在公司的監事會裡。那些監察人總是在討論公司經理呈上來的報表，多半是季報。然而，其他一些公司經理沒有呈報上來卻更為重要的事，比如公司有什麼奸巧的競爭策略、員工的士氣為何不斷下滑、該如何應對消費行為發生未曾預料的改變等，監察人卻置若罔聞。我時常觀察到這樣的現象：人們總是先利用手邊容易取得的資料或處方，但建立在這種基礎上的決策，通常會導致災難性的後果。舉例來說，十年前人們就已曉得運用「布萊克─休斯模型」（Black-Scholes Model）為衍生性金融商品定價並不可行。無奈人們並沒有其他可取代的方法，於是他們寧願繼續使用這套錯誤的模型，畢竟聊勝於無！同樣的情況也發生在「波動性」（volatility）這個概念上：把它當作金融商品的風險指標顯然是錯的，但由於它計算起來十分簡單，我們幾乎將它應用到所有的金融模型裡。就這樣，現成偏誤讓許多銀行招致數十億元的損失。這就好比我們到了某個陌生城市，雖然沒有這座城市的地圖，背包裡卻有一張別座城市的地圖，我們便把那張地圖拿出來使用。這就是我們的悲哀，寧可用一張錯誤的地圖，也聊勝於無！

著名歌手法蘭克・辛納屈（Frank Sinatra）曾經這麼唱過：「喔，我的心跳如此地劇烈／全是因為有妳／若我不親近所愛的女孩／那麼我就愛身旁的女孩。」完美的現成偏誤。想要對付這樣的偏誤，那麼請記住：和那些與你的經驗及思考方式完全不同的人一起共事吧！因為，如果單打獨鬥，你完全沒有任何機會戰勝現成偏誤！

12「在好轉之前會先惡化」的陷阱

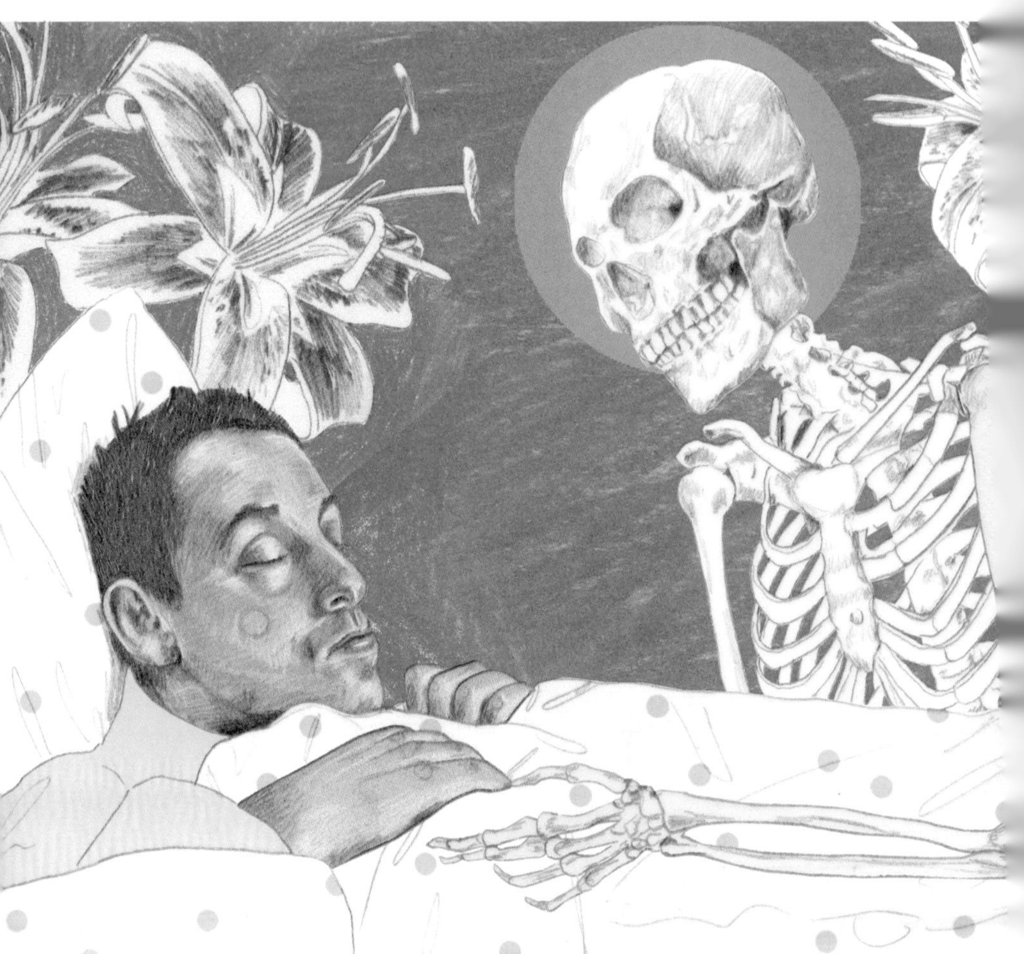

Die Es-wird-schlimmer-bevores-besser-kommt-Falle

要是有人建議你一條「先經一番寒徹骨」的路，你最好對這樣的建議多點戒心

幾年前，我前往科西嘉島度假，不幸染上了某種疾病。當時出現的各種症狀，之前我從來沒有遇過。隨著時日拖延，感受到的疼痛愈來愈劇烈，終於有一天，我再也忍不住了，決定去找醫生看診。我向一位年輕的醫師求診，他先從聽診開始，隨後煞有介事地展開一連串的觸診。他先按壓我的腹部，接著按我的肩膀，乃至於我的膝蓋。可是這還沒完，接著他又一節節地按壓我的脊椎骨。慢慢地，我不禁開始懷疑：這位年輕醫生是不是對我的病一點頭緒也沒有？然而在無法確定的情況下，我也只好任由他繼續對我「嚴刑拷打」。費了一番功夫之後，他似乎看出什麼端倪，於是寫了一張處方箋給我，並且跟我說：「抗生素。每回吃一粒、一天服用三回。不過，在你的病情好轉之前，應該會先惡化！」我很高興終於「確定」自己的病情，接著便拖著蹣跚的步履返回下榻的旅館。

正如那位年輕醫生所言，疼痛的情況果真轉趨惡化；太好了，他果然掌握了我的病情！可是過了三天之後，疼痛的情況完全沒有要改善的跡象，於是我打了一通電話給那位醫師，他回我說：「請你將劑量提高到一天服用五回，不過疼痛的狀況恐怕還得再持續一陣子喔！」我又傻傻地遵照了他的指示繼續服藥。過了兩天之後，我不得不呼叫救難直升機了！回到了瑞士，醫生查明是「盲腸炎」，很快地便進行手術。手術後醫生問我：「你

竟然拖了這麼久，到底是為什麼？」我回答他說：「我求診之後，病情就如同那位年輕醫生所預料的，我才不疑有他。」醫生跟我說：「你落入了『在好轉之前會先惡化』的陷阱裡了。那位科西嘉島的醫生顯然對你的病情毫無頭緒；他或許只是一位臨時請來的醫護人員。事實上，在許多度假勝地，每到旅遊旺季，這種情況就層出不窮。」

讓我們再來看另外一個例子。某位執行長正坐困愁城，他們公司的營業額直直落到谷底，業務們完全失去戰鬥力，更甭說行銷策略也統統失靈。萬般無奈之下，這位一籌莫展的執行長只好求助專業顧問。當然，顧問的服務所費不貲，請其為公司看診，一天得支付白花花的五千歐元！經過仔細詳談後，這位執行長收到專業顧問開給公司的藥單：「貴公司的業務部眼光短淺，貴公司的品牌也定位不明。情況是有那麼一點棘手，不過我倒是可以為你力挽狂瀾。然而，要讓貴公司起死回生，不是一朝一夕就能辦到，何況這些問題相當錯綜複雜，需要具備十分敏銳的反應能力，對應措施方能落實。不過，在情況好轉之前，業績恐怕還要再下滑一段時間！」這位執行長最後決定延聘這名專業顧問。一年後，公司的營業額果真持續下滑，甚至到第二年情況也未見改善。儘管如此，這名顧問仍不斷強調：公司的走勢正如他所料，一切盡在他的掌握之中。到了第三年，公司的業績依然積弱不振，「請鬼拿藥單」的執行長總算大夢初醒，憤而請這位專業顧問回去吃自己啦！

在好轉之前會先惡化的陷阱是確認偏誤的一種變形。**當專業人士對於其專業上的某些事情根本一無所知、或是沒有把握時，他就會請出在好轉之前會先惡化這件道具。**當情況趨於惡化，正好證實了他的預測；當情況趨於好轉，他與幸運的顧客則都能各取所需，皆大歡喜。不管情況是這樣還是那樣，反正他永遠都是對的！

假設你是某個國家的總統，但對於治理國家毫無概念，這時你該怎麼做呢？建議你可以先預測：未來可能會有「苦日子」！你可以藉此要求你的人民先勒緊褲帶，並且對他們承諾度過這段困難的整頓、昇華、重建時期之後，將會迎向一個更美好的明天。不過，你可千萬別忘記，這段苦日子究竟有多長、究竟需要付出多少汗水與淚水，這些問題可千萬別說清楚、講明白！

若說將這套把戲發揮到極致，那可就非基督教莫屬了。根據他們的說法，在天國降臨人間之前，世界可是必須要先來上一場毀滅！大災難、大洪水、全球性的大火、大規模的死亡等等，全都是這場毀滅大戲的一部分，而且還是不可或缺的喔。信徒們則把情況惡化當作是預言的證明，把情況好轉視為上帝的恩賜！

結論：當有人對你說在情況好轉之前會先惡化時，你最好對這樣的建議多點戒心。不過，請注意，的確有些情況是會先沉淪到置諸死地，接著才會如倒吃甘蔗般漸入佳境。例如，一般來說，改行就要耗費不少的時間，而且在這段期間裡，可能還要面臨收入來源青黃不接的困境。此外，重整公司的某個部門，往往也是曠日費時。不過，相對來講，在這些情況裡，人們其實比較快就能看出成效。里程碑既清晰可見且足堪檢驗，請你把目光放到里程碑上，不要望向天空！

13 故事偏誤

The Story Bias

為何就連真實的故事也都是騙局

瑞士小說家馬克斯・弗里施（Max Frisch）曾說：「正如我們會去『試』衣服，我們同樣也會去『試』故事。」

生活其實是一團亂，有時甚至亂過一團未經整理的毛線球！請你幻想一下，有位隱形的火星人，身上帶著一本同樣隱形的筆記本。這個火星人隨時跟在你身邊，將你每天從早到晚所做、所想、所夢的全都記錄下來。你的這本生活實錄是由以下這一大堆雞毛蒜皮的瑣事組成，諸如「喝了一杯咖啡，裡頭放了兩顆糖」、「踩到一枚圖釘，接著便指天畫地咒罵全世界」、「夢見親吻美麗的女鄰居」、「向旅行社訂了一套度假行程，馬爾地夫真是貴」、「耳朵裡有毛，立刻扯掉」等等。我們總是希望自己的生活能夠配備一條可遵循的路線，於是我們就用那些雜亂無章的細節編織出一個故事。許多人會稱這樣的指引為「意義」；若我們的故事就這麼經年累月直線地走下去，我們就將它稱為「個性」。

同樣的手法也會套用在世界史的各種細節上，有時我們甚至會硬把這些細節編織成一個前後不矛盾的故事。這麼做的結果呢？突然之間，我們「理解」了為何《凡爾賽和約》（*Treaty of Versailles*）後來會引發第二次世界大戰，或是葛林斯潘（Alan Greenspan）的寬鬆貨幣政策為何會導致雷曼兄弟（Lehman Brothers）的破產。我們也「理解」了為何東歐鐵幕必然要崩潰，或是《哈利波特》（*Harry Potter*）會成為全球熱賣的暢銷小說。這些我們宣稱理解的事物，在發生的當時其實根本沒有人理解；更準確地說，是根本沒有人「可以理解」！我們是在事後加工製造了一套意義，然後把它擺進歷史裡。歷史是一種問題重重的東西；可是，很顯然地，我們卻又不能沒有它。究竟為什麼不能沒有歷史呢？這個問題的答案我並不清楚，然而清楚的是，在人類開始以科學方法去思考這個世界之前，其實是先用故事來解釋它。神話遠比哲學的歲數還要大。這就是「故事偏誤」，它的意思是說：**故事扭曲且簡化了事實**。換句話說，故事會將所有不能與它本身配合的東西統統排除掉。

在各種媒體裡，故事偏誤就如同瘟疫一樣到處肆虐。比方說，有輛汽車行經一座橋梁時，橋突然斷裂。第二天的報紙會怎樣報導這件事呢？我們會看到一則關於出事車輛裡那個倒楣鬼的故事。藉由這個故事，我們曉得他打哪兒來，原本要開車到什麼地方。我們甚至會讀到這個人的一些生平，諸如他在哪兒出生、哪兒長大，又在哪兒工作等。倘若這位駕駛有幸生還，我們則會看到他歷劫歸來的訪問；訪問中必然會提到在橋梁斷裂的那一瞬間，他的心情究竟如何。這真是有夠荒謬，因為以這個事件來說，上面所講的內容一點也不重要。重要的並不是那位倒楣鬼，而是橋梁結構。究竟這座橋梁真正的問題出在哪裡？是材料疲乏的緣故嗎？如果是的話，在何處出現了這個問題？如果不是材料疲乏，那麼，是這座橋遭到某種損壞嗎？倘若是這樣，又是什麼原因造成的呢？或者，是否橋梁本身從一開始就設計不良？然而，像這些重要的問題，很抱歉，沒有辦法包裝成一個故事！**我們**

總是容易被故事吸引，卻拒卻抽象的事實於千里之外。這是一種詛咒，為了討好不重要的觀點，重要的觀點統統被貶抑了（但從另一個角度來看，這同時也是一種幸運；因為若非如此，我們或許只能翻閱教科書，而沒有小說可以讀了）。

以下兩則故事，你比較容易記住哪一則呢？（A）「國王死了，王后接著也死了」；（B）「國王死了，王后因為哀傷過度也跟著死了。」如果你與大多數的人思路相同，你應該會覺得第二則故事比較容易記住。因為在第二則故事裡，死亡並不是單純的順序而已，它還牽涉到了兩位亡者之間的情感聯繫。故事A只是單純的事實陳述；故事B就創造出了某種意義。不過，如果就「信息論」（Information Theory）的觀點來看，故事A其實比較容易讓人記住，因為它比較短。可是我們的大腦顯然不是這麼運作。

廣告方面也是一樣，比起理性地條列出產品的各項優點，以講故事的方式宣傳，反而更為有效。持平而論，如果我們冷靜看待廣告，很容易就可發現對於所要宣傳的商品本身而言，故事根本無關緊要。不過我們的大腦要的是故事！關於這一點，Google在二〇一〇年美國超級盃（Super Bowl）球賽中播放的「巴黎之戀」（Parisian Love）廣告，可以為證。

結論：從個人自傳一直到世界歷史，我們總是精心地將一切編織成饒富意義的各種故事。但也正因為這樣，我們扭曲了事實，更連帶地影響了我們的決策品質。為了擺脫這樣的情況，請你將故事拆解，並且進一步去質疑：故事所要隱藏的究竟是什麼？建議你訓練自己，試著以沒有脈絡的方式去讀一遍你個人的自傳。你肯定會嚇一跳！

14 後見之明偏誤

The Hindsight Bias

為何你該寫日記

不久前，我找到了我叔公的一本日記。為了在電影工業方面謀求發展，一九三二年時，叔公從瑞士的蘭斯堡（Lenzburg）搬到了法國巴黎。一九四〇年八月，也就是納粹德軍占領巴黎一個月後，叔公在日記裡寫道：「這裡所有的人都認為，德軍到了今年底就會再次從巴黎撤出；關於這一點，我也從一些德國軍官那裡獲得了證實。就如同法國快速淪陷那樣，英國也會很快地跟著淪陷。最後，我們又會回復到以往在巴黎的日常生活，不同的只是我們變成了『德國的巴黎』。」

若翻閱任何一本關於第二次世界大戰的史書，我們將看到一段與叔公的記述完全不同的歷史。在那些史書裡，納粹德軍占領法國四年這件事，看起來就彷彿遵循著某種嚴格的戰爭邏輯。從後見之明的角度來看，那些實際發生的戰爭經過，似乎就是所有可能劇本中發生機率最高的那一套劇本。為何會這樣？因為我們是「後見之明偏誤」的受害者。

若你回顧一下二〇〇七年時人們對於經濟發展所做的預測，你肯定會大吃一驚；當時幾乎所有人都一致看好，樂觀地期待二〇〇八到二〇一〇年的經濟榮景。然而，過不到一年，在二〇〇八年時，金融市場卻突然崩潰了！為了找出造成金融風暴的原因，當年那一批抱持樂觀態度的經濟專家，今時今日又編出了一套用來說服大眾的歷史，例如在葛林斯潘主導下貨幣供給量的過度膨脹、信用貸款的浮濫核發、腐化的信評機構、鬆散的股東權益章程等。從後見之明的角度來看，金融風暴的發生似乎是邏輯之必然；耐人尋味的是，全球的經濟專家總數超過百萬，為何竟無一人能夠準確地預測出實際的發展過程？相反地，鮮少會有其他哪一類專家跟經濟專家一樣，如此深受後見之明偏誤的毒害。

後見之明偏誤是最頑固的思考錯誤之一。我們可以貼切地用「『我早就知道了』現象」來描述這種偏誤。**從後見之明的角度來看，所有已經發生的事，似乎都緊密地遵循著某種看似合理的必然性。**

某位執行長幸運地獲得了成功；當他以後見之明的角度審視自己的勝利時，便會高估其獲得成功的機率。一九八〇年時，雷根（Ronald Reagan）在美國總統大選中大勝卡特（Jimmy Carter），許多論者同樣以後見之明，在事後「西瓜偎大邊」地調校他們對候選人看好的程度。事實上，這場大選直到最後一刻，雙方都還殺得難分難解。今日，財經記者們總是把 Google 的龍頭地位寫成是大勢所趨；可是，當時空倒轉回一九九八年，當網際網路尚處於草創階段，如果有財經記者持這樣的論調，鐵定會被同業笑死。此外，還有一個特別明顯的例子：一九一四年塞拉耶佛（Sarajevo）的一聲槍響，掀起了往後三十年全球的風起雲湧，並犧牲掉五千多萬條寶貴人命。從後見之明的角度看來，這的確令人不勝唏噓，但卻是可「理解」的。每位學童都曾在學校讀過這段歷史；然而，在一九一四年當時，或許根本沒有人擔心事情會愈演愈烈，到了無法收拾的地步。對他們來說，如此的小題大作實在有點荒唐。

為何後見之明偏誤會這般危險呢？因為它讓我們錯誤地相信，我們「真正的」預言能力，比起「實際的」預言能力還要來得好。如此一來，我們便容易變得自大，也容易被誤導而做出錯誤的決定。我們經常可以在日常生活的一些對話中聽到這樣的「理論」，諸如：「你有沒有聽說啊？施維亞跟克勞斯分手了耶！他們鐵定會這樣收場的，因為他們兩個實在差太多了。」或是：「他們鐵定會這樣收場的，因為他們兩個實在是太像了。」或是：「他們鐵定會這樣收場的，因為他們兩個實在黏得太緊了。」又或者是：「他們鐵定會這樣收場的，因為他們兩個實在太少見面了。」

對抗後見之明偏誤並不是件簡單的事。一些研究結果顯示，知道後見之明偏誤的人，並不會因此比那些不曉得這種偏誤的人更少落入後見之明偏誤中。若是按照這樣的結論，我只能跟讀者們說聲抱歉，害你們浪費寶貴的時間讀了這一章。

儘管如此，我還是想跟讀者們分享一個小撇步，不是基於什麼科學研究，而是我個人多年來的經驗，那就是：寫日記。你可以寫下一些自己對政治、事業、體重、股市等方面的預測，日後再三不五時地將你的預測拿出來跟實際的發展做個比較。你會驚訝地發現，原來**你是一個爛透了的預言者**！請你同樣也用這一套方法去閱讀歷史，少去看那些事後包裝出來的理論，多去閱讀事件發生當時的一些日記、剪報或紀錄。如此一來，在面對世界的「不可預見性」時，你至少能獲得些許寬慰。

15 司機的知識

The Chauffeur Knowledge

為何你對名嘴所說的話不要太過認真

一九一八年，普朗克（Max Planck）榮獲諾貝爾物理獎；此後，他展開了全德的巡迴演講。不管走到哪兒，普朗克所講的總是同一套新的量子力學內容；久而久之，就連他的司機都會背了。有一天，普朗克的司機突發奇想向他提議道：「普朗克教授，您一直都在重複同一套演說，想必您本人也一定感到很無聊了吧？我想提個建議，不如這樣好了，等我們到了慕尼黑之後，就由我來替您演講；您就戴上司機的帽子，坐在前排，假裝是司機。或許這樣，我們兩個都能從中獲得一點消遣呢！」普朗克也覺得這個建議聽起來挺有意思，便欣然地接受了。於是，普朗克的司機就假扮成他，在一大群出類拔萃的觀眾面前發表演說。演講進行了一段時間後，台下有位物理學教授竟然冷不防地提出了一個問題。可是，這位假扮成普朗克的司機不僅不慌張，還反過來用帶點輕蔑的口吻說：「我萬萬沒料到，在慕尼黑這麼進步的城市裡，竟然會有人提出這麼簡單的問題。既然如此，這種問題就交給我的司機來回答好了！」

這個與普朗克有關的笑話，是我從查理・蒙格（Charlie Munger）那裡聽來的，他是位世界頂尖的投資專家。根據蒙格的說法，這世上有兩種知識：一種是「**真知**」，是由那些滿懷求知欲的人投注了許多時間與精力所換來的成果；另一種則稱為「**司機的知識**」，這裡的「司機」即引自蒙格所講的故事裡的司機，指的是那些行為舉止表現得好像他們確實知道、事實上只是虛有其表的人。這些人知道該如何表演。他們可能擁有十分美好的嗓音，也可能擁有頗具說服力的外表；然而，他們所傳播的知識卻無比空洞，只不過是利用如簧的巧舌，頭頭是道地講些廢話。

令人無奈的是，要鑑別出司機的知識與真知，往往十分地困難。不過，在名嘴這類情況裡，倒是相對容易許多。很簡單，他們就是一群演員，如此而已；而這其實是所有人都知道的祕密。耐人尋味的是，這些廢話大師總是受到民眾們高度地尊敬，他們甚至常被重金禮聘去參加一些研討會或演說，胡謅一些他們根本沒有深入研究過的題目。

相對來說，要從記者們身上區分出真知與司機的知識，這就稍微難了一點。有些記者的確具有相當扎實的知識基礎，尤其是那些經年累月持續在某個特定領域鑽研的資深記者。這些資深記者通常十分用心，會以認真的態度去理解、勾勒出事件中各種錯綜複雜的關係。也因此，他們多半偏好較大的篇幅，唯有如此才能夠清楚地闡釋各種相關的情況與例外。

不過，大部分的記者其實還是屬於司機的知識這一類。他們能夠在很短時間內，針對各式各樣的主題，變出一篇相關的報導。感謝網際網路，這樣的工作因此又變得更為輕鬆。他們的文章多半語帶諷刺，流於片面，篇幅也很短。關於篇幅這一點，或許剛好可以掩飾他們司機的知識的不足！

一般來說，愈大的企業就會對執行長的表演才華抱持著愈高的期待，這項表演才華則有個「溝通能力」的美名。對於大企業而言，交由一位沉默、固執但苦幹實幹的管家來打理，那是行不通的；至少不能讓這個人坐到最高的位子。因為，很顯然地，股東與財經記者們都相信，長袖善舞的人比較能夠創造出好的業績。可是，實際上當然並非如此。

蒙格的伙伴巴菲特提出了一個很棒的概念，那就是「能力範圍」（Circle of Competence）。所有落在個人能力範圍之內的事，我們都能如專家一般瞭如指掌；相反地，所有落在個人能力範圍之外的事，我們則是一知半解，甚至毫無頭緒。巴菲特的人生座右銘就是：「找出你個人的能力範圍，並且待在裡面。至於這個範圍有多大，其實無關緊要。重要的是，要清楚掌握範圍的界限究竟在哪裡！」蒙格沿著這個脈絡闡釋道：「你必須弄清楚你的才能在何處。如果你想在自己的能力範圍外尋求成功，你的事業會是一團糟。關於這一點，我幾乎可以跟你打包票！」

結論：請不要相信司機的知識。請不要將公司發言人、長袖善舞的人、名嘴、健談的人、滿口空話的業餘者、陳腔濫調的傳播者等，誤認為是具有真才實學的人。我們該怎麼明辨呢？事實上，有一種明顯的信號：**具有真才實學的人明瞭「知之為知之，不知為不知」**。當這類人遇上了超出他能力範圍的情況時，他不是保持沉默，就是會老實招認：「我不曉得。」他在做出這樣的坦白時並不感到羞愧，相反地，甚至還會帶點驕傲。然而，從司機的知識這類人身上，我們只會聽到別的說詞，可是絕對不會聽到「我不曉得」這句話。

16 控制的錯覺

Illusion of Control

你比你以為的還要來得狀況外

每天早上九點鐘左右，一名頭戴紅帽的男子會來到某個廣場上，舉起他的紅帽大力地來回揮舞。揮舞了將近五分鐘之後，這名男子又會從廣場上消失。有天，一位警察走到這名男子面前，問他：「請問你到底在做什麼？」這名男子答道：「我在趕一群長頸鹿啊！」聽到這樣的答案後，警察有點摸不著頭緒，於是回說：「可是這裡沒有長頸鹿啊？」男子便心滿意足地笑說：「是啊！那我今天的工作算是圓滿達成囉！」

有位朋友不幸摔斷了腿，只能整天躺在病床上休息。他央求我去書報亭幫他買一張樂透，我答應替他跑腿。到了賣樂透的地方，我幫他選了六個號碼，並且將他的大名寫在上頭，然後付了錢。當我回到朋友那裡把彩券交給他時，出乎意料地，他竟然對我惡言相向：「你為啥雞婆幫我選號碼啦？我本來想親自填的說。你看啦，用你填的號碼我肯定不會中了！」好心沒好報的我忍不住回嗆道：「難道你真的以為親手填號碼，就能影響那些開獎的號碼球嗎？」他一副完全不能理解的樣子，氣沖沖地瞪著我。

賭場裡經常可以見到一種情況：當人們需要來個大一點的數字時，他們會使盡吃奶的力氣去擲骰子；相反地，當人們需要小一點的數字時，他們則會盡可能蜻蜓點水，意思地丟一下。當然，同樣荒唐的事還有足球迷在看球賽時，總喜歡腳來手來地跟著比畫，似乎以為這麼做可以扭轉戰局。這些人共享著一種錯覺：想要藉由對這個世界發送某種意念（或許是以電磁波、能量，甚至因果輪迴等形式），進而去影響這個世界。

「控制的錯覺」是一種傾向，處在這種傾向裡，**我們相信我們可以控制或影響某種事物；但實際上，我們根本無能為力。**這種現象是一九六五年時詹金斯（H. H. Jenkins）與瓦德（W. C. Ward）兩位學者所發現。他們的實驗很簡單：兩個開關，加上一盞燈。這盞燈不是開著就是關著，而詹金斯與瓦德則可以調整開關與燈彼此之間的強弱關係。實驗結果顯示，即使這盞燈完全處於隨機開啟或關閉的情況下，受試者依然堅信，無論如何，藉由按壓開關一定可以對燈產生影響。

一位美國科學家曾經對人類在聽覺方面的疼痛承受度進行實驗。首先，他將受試者關進一間噪音室裡；接著，他持續調高噪音的音量，直到受試者再也承受不住，示意求饒為止。這套實驗使用了A、B兩間幾乎一模一樣的噪音室來做對照，兩間噪音室唯一不同的地方，就是B噪音室的牆上多了一個「緊急按鈕」。結果呢？待在B噪音室裡的人明顯能夠承受更大的噪音。有意思的地方在於，B噪音室裡的緊急按鈕其實是擺好看的，根本毫無作用。可見單是受試者的錯覺本身，就足以提高其忍受疼痛的極限。若你曾讀過亞歷山大・索忍尼辛（Alexander Solschenizyn）、維克多・法蘭克（Victor Frankl）或是普里莫・萊維（Primo Levi）的書，對於這樣的實驗結果，你應該不會感到訝異。每個人對於自己的命運總是能夠發揮些微影響，憑著這樣的錯覺，這些囚徒們每天便得以重獲新生！

當你漫步在曼哈頓街頭，行經某個路口時，你所按的紅綠燈按鈕其實一點作用也沒有。既然如此，為何要設置這麼多這樣的按鈕呢？那是為了要讓行人相信，他們對燈號的控制有一定的影響力。實驗證明，如此一來，人們確實比較能夠平心靜氣地等紅燈。此外，許多電梯也裝有「開門、關門」的按鈕；可是實際上，這些按鈕並沒有聯結電梯的控制系統。學界稱這類按鈕為「**寬慰按鈕**」（placebo button）。同樣的方法也經常應用在大型辦公室的空調上。辦公室裡有人覺得熱，有人覺得冷。聰明的技術人員便巧妙利用控制的錯覺，在每一層樓裝上一個假的空調開關；如此一來，投訴的案件自然明顯地下滑了。

各國的央行總裁與經濟部長，也都扮演著某種變形的寬慰按鈕。事實上，打從二十年前起，人們已經從日本那裡看到這些財經界的寬慰按鈕根本不管用。關於這一點，近幾年來美國的情況更進一步地證實了。耐人尋味的是，儘管如此，我們還是任由這些財經舵手繼續灌輸我們錯覺；相對地，我們也繼續回饋他們錯覺。世界經濟其實是一個完全無法控制的系統，然而，要讓所有參與其中的人去承認這樣的事實，或許是某種無法承受之重！

那麼，你呢？你是否掌握好你的生命？或許，你比你所以為的更無法掌握自己的生命。請不要相信你如同羅馬帝國賢君奧理略（Marcus Aurelius）那般恬適、堅忍；或許你更像本章開頭提到的那位揮舞紅帽的男子。因此，請專注於少數幾件你確實能夠發揮影響力的事情上，甚至最好只堅定地關注這當中最重要的幾件事。至於其他的事，就任由它們去自行發展吧！

17 激勵過敏傾向

The Incentive Superresponse Tendency

為何你不該按實際開銷付錢給你的律師

有一回，法國派駐河內的殖民地長官突發奇想，頒布了一道法令：民眾向政府交出死老鼠，每隻都可以換取獎金。原本這位長官是想藉此撲滅鼠害，沒想到此令一出，人民竟然開始爭相畜養老鼠。

在《死海古卷》（*Dead Sea Scrolls*）★於一九四七年被發現後，許多考古學家便祭出高額獎金，希望在重賞之下，能夠有更多的古代文獻出土。然而，最終的結果卻是許多古代文獻被發現它們的人弄得支離破碎，只因他們想藉此增加文獻的數量。同樣的情況也曾發生在十九世紀的中國，當時有人高價懸賞所謂的「龍骨」，許多農夫在找到保存得完好無缺的龍骨之後，便將它們敲碎，藉此增加龍骨的數量。

某家企業的監事會允諾該企業的經理，若是業績達到預期的目標，將額外發給他一筆獎金。接下來會發生什麼事呢？這位經理並不會想辦法去提高企業的獲利；相反地，他將用盡所有力氣去說服監事會，讓他們同意一些極低的目標。

以上所舉的這些，都是所謂「激勵過敏傾向」的適例。激勵過敏傾向所描述的，其實是一種很尋常的情況：人們會對各式各樣的激勵制度產生反應。這顯然一點也不足為奇，因為人們總是會去做一些對自己有利的事。令人感到驚奇的是相伴而生的另外兩個面向：

首先，當激勵開始起作用或有所變更時，人們究竟會多麼迅速且多麼徹底地改變他們的行為；其次，**人們會對激勵有所反應，但他們的反應有時並不符合激勵背後的意圖**。

好的激勵制度可以透過激勵達成目的。比方說，在古羅馬時代，當一座橋梁要開放通行時，建造這座橋梁的工程師必須親自站到橋下。這不失為一種相當良好的鞭策方式，藉由這樣的制度，可以讓所有的橋梁都蓋得穩固。相反地，不好的激勵制度不僅達不到目的，有時還會帶來一些扭曲的後果。例如，查禁某些書籍，往往反而讓所有的人都曉得那些禁書的內容。又例如，根據做成的信貸契約計算銀行行員的酬勞；如此一來，他們便會拚命地去招攬一堆慘不忍睹的信貸合約。

若你想影響某些人或某些組織的行為模式，你可以透過宣揚某些價值或願景的方式，也可以召喚理性；然而，透過激勵的方式或許會更簡單。至於激勵的道具，並不一定要與金錢有關；舉凡成績、諾貝爾獎，甚至是來世的好命等等，都可以考慮利用。

長久以來我一直思考著一個問題：中古世紀那些頭腦清楚、地位崇高的貴族們，甘願不遠千里騎馬參加十字軍東征，到底是為了什麼？所有參與十字軍東征的人都明白，從歐洲騎馬前往耶路撒冷至少須耗時六個月，途中還得經過敵人的地盤。那麼，為什麼他們要加入這場冒險呢？這個問題可以用激勵制度解釋。如果參加十字軍而最後得以幸運歸來，就可以享用豐厚的戰利品；要是不幸陣亡，那也沒關係，戰死的英靈會自動晉升為殉道者，在死後世界裡享有殉道者的榮寵。也就是說，不管結果如何，人們都能從中獲利。

以實報實銷的方式付錢給律師、建築師、顧問、會計師或駕駛教練等，其實是十分愚蠢的，因為這些人會因此受到某種盡可能去製造開銷的激勵。所以，在面對這類情況時，最好事先談妥一筆固定的酬勞。對專業醫生而言，不管醫療或手術對於病患是否真有必要，大量地對病患施以治療，總是有利可圖。理財專員則會「推薦」你購買一些他可以抽取佣金的金融商品。至於企業主或投資銀行家們所號召的各種商務計畫，你都可以將它們視之如敝屣，因為這些人可以在大量金融交易中，直接截取豐厚的利益。古老的諺語不是曾經告誡過我們：「**千萬別去問理髮師，我究竟需不需要理頭髮。**」

結論：當心激勵過敏傾向。如果某人或某機構的行為讓你感到訝異，最好仔細想想這背後是否藏有什麼激勵機制。我可以向你打包票，百分之九十的行為你都可以用激勵機制來解釋；出於熱情、惡意、精神耗弱，甚或精神失常的行為，頂多只有十分之一。

有一回，查理・蒙格在一家釣具專賣店裡，逛著逛著，突然停在某個貨架前面，伸手拿起一個耀眼奪目的塑膠魚餌。他仔細端詳那個魚餌之後，不禁好奇地問老闆：「魚真的會喜歡這種東西嗎？」老闆笑著回答他說：「查理，我們又不是要把這個賣給魚！」

★在死海附近的昆蘭（Khirbet Qumran）出土，故名《死海古卷》。古卷的材質主為羊皮紙，部分是莎草紙，為目前最古老的希伯來文《（舊約）聖經》抄本。

18 均值迴歸

Regression Toward the Mean

醫師、顧問、教練以及心理治療師的效用令人質疑

有位先生患有背部疼痛的毛病，他的症狀時好時壞，有時身體狀況會好到宛如一頭年輕的公鹿，有時則可能差到躺在床上動彈不得。幸好，這種最壞狀況其實很少出現；不幸遇上了，他就只好請太太載他去給指壓按摩師按摩一下。過了幾天之後，他又慢慢地變成一尾活龍，於是他便四處讚揚他的指壓按摩師，說他確實有一套！

還有一位打高爾夫球的年輕小伙子，球技普普通通，平均「差點」（golf handicap）★為正十二。跟上面那位先生類似，他也對他的高爾夫球教練推崇備至。每當比賽打得很爛時，他就會趕緊預約一個訓練時間。下回出賽時，便會立刻看到自己的表現比上一回好了許多。

第三位先生則是某家知名銀行的投資顧問。這位先生自己發明了一套「祈雨舞」，每當他在股市裡的戰績慘不忍睹，他便在廁所裡祭出這套舞蹈。這樣的舉動看來荒謬至極，然而對他來說，這套祈雨舞卻不可或缺。因為事後證明，他在股市裡的戰績的確起死回生了。以上三位先生都有一個共同點，他們都得出了一個令人產生錯覺的結論，它叫「均值迴歸」。

假設你現在所住的地方出現了破紀錄的低溫，那麼，在接下來幾天中，氣溫便有很高

的機率回升。也就是說，氣溫會往月平均值的方向移動。同樣的情況也適用在極端炎熱、乾旱或降雨的時期；天氣的變化總會循著一個平均值來回擺動。當然，這同樣也可以套用至長年的病痛、高爾夫的差點、股市的戰績、戀愛的幸福指數、主觀的幸福感受、工作的績效、考試的成績等等。總而言之，在沒有指壓按摩師的推拿之下，劇烈的背痛有極高的可能會自行緩解；在沒有特訓的情況下，差點也有極高的可能再度擺盪回正十二；投資顧問如果不跳祈雨舞，他在股市的戰績還是很有可能再度往他的平均績效靠攏。

極端的成果會與較不極端的成果交互更迭。某檔股票過去三年蟬聯股王寶座，那麼在未來三年，股王很有可能就要換人做做看。也因此，許多運動員都很害怕登上報紙頭條。他們會下意識地擔心在接下來的比賽裡，恐怕再也無法締造如此的佳績。這樣的擔憂當然跟報紙頭條沒什麼關係，真正有關係的是他們成績的自然波動。

讓我們以部門主管為例進一步做說明。某家企業的部門主管想要提振員工的士氣，於是他挑出旗下員工最萎靡不振的百分之三，將他們送去提振士氣的訓練營。結果呢？當這位主管下回想要再度提高與士氣有關的數據時，這群受過訓練的員工不會再次入選最萎靡不振的百分之三；也就是說，下回有別的員工要遭殃了。這樣的訓練課程究竟值不值得呢？很難說，因為就算沒有經過魔鬼特訓，這批最萎靡不振的員工搞不好一樣會自行回魂，重返他們的個人平均水準。類似的情況也發生在因憂鬱症住院的病患身上；他們出院時通常已無大礙，然而很有可能住院其實根本沒效。

再舉一個例子。在波士頓，學生測驗成績吊車尾的幾間學校，必須參加所費不貲的「改善計畫」。幾年之後，這些原本排名在後段的學校終於擺脫了吊車尾的命運；可是，這樣的改善竟然被視為教育主管機關的德政，卻不被當成是均值迴歸的自然現象。

忽視均值迴歸現象，有時可能會招致可怕的後果。比方說，老師（或是管理階層）就可能得出這樣的結論：處罰比獎勵來得有效。考得最好的學生應給予獎勵，考得最爛的學生則應給予處罰。然而，在純粹出於隨機的情況下，下次考試時，成績最好與最差的位子，或許就會改由其他學生來坐。老師們便得出了結論：處罰有利，獎勵有害。這顯然是一個出於錯覺的結論。

結論：「我本來病得不輕，看過醫生之後，現在好多了，感謝醫生救了我！」或是：「我們公司去年的經營狀況原本十分慘澹，聘請顧問來幫忙之後，現在業績又回復到了常軌。」當你聽到類似這樣的話時，均值迴歸的錯誤正在這當中作祟！

★差點制度所反映的是個人現階段的技術水準，差點愈低表示技術愈好。此項制度僅於高爾夫球比賽項目中才有，旨在讓不同程度的球友皆可同場競技。

19 公地悲劇

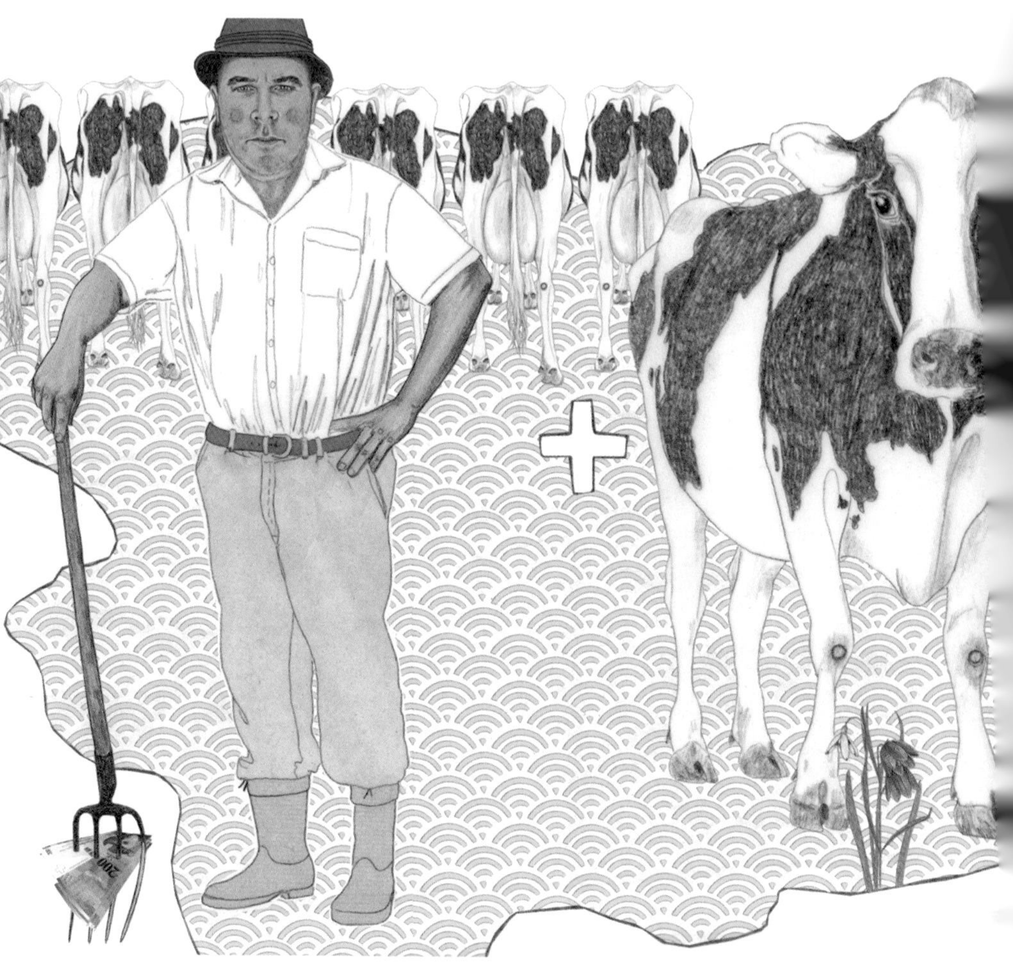

The Tragedy of the Commons

為什麼理性的人不去訴諸理性

請幻想一片肥沃的草地。某個城市裡的所有農民都獲准使用這片草地；可以想見，每位農民會盡可能將自己所擁有的牛隻放到這片草地上去吃草。如此一來，只有在非法獵捕盛行或牛隻疾病蔓延的情況下，共用草地的制度才得以繼續運行下去。簡單來說：只要讓牛隻的數量不超過一定的門檻，不要讓草地被榨乾，就可以如此這般地繼續運行下去。相反地，若不這麼做的話，原本公地的美意很快就會反轉成悲劇。身為一個理性的人，每位農夫都試圖要實現自己的最大利益。他會自問：「要是我多放一條牛到這片公地上，我會有什麼利益可圖？」對於農夫來說，多養一條牛，他就有機會多賣一條，可圖的利益就是「正一」。至於多增加一條牛所引起的過度放牧風險，這樣的負面影響就由大家一起埋單。對於個別農夫而言，他所要共同承受的損失，只不過是「負一」的一小部分而已。經過這麼加加減減算計一番，從個別農夫的眼光來看，多放牛隻到這片公共的草地上，確實是理性的！就這樣，這個農夫多放一隻，那個農夫也多放一隻；長此以往，整片公地便枯竭了！

「公地悲劇」其實是一種很尋常的現象，它最大的錯誤不是出在問題本身，而是出在人類解決這項問題的方法。也就是說，人們祈求透過教育、啟蒙、資訊傳播、社會正義的感召、教宗的詔令，甚至明星的說教等，將公地悲劇給趕出人間。無奈的是，它並不會因此而遠離凡塵。想要克服這項難題，唯一可行的路徑只有兩條：「**私有化**」或「**管理**」。具體來說，要不就讓這片肥美的土地落人私人手裡，要不就是對放牧進行管制。根據美國生物學家加勒特·哈丁（Garrett Hardin）的研究，除了上述這兩種方法以外，其他方法最終都只會走向沉淪。管理可以指由國家頒布某些規則，例如收取使用費、限制使用時間，甚至根據眼睛的顏色（農夫的或牛隻的）決定誰有優先使用權。

私有化是一個簡單的解答；它甚至可以充作管理的論證理由。為什麼私有化與管理這兩件事，對我們來說會如此棘手呢？為什麼我們總是不可自拔地，一再沉溺於公地的想法當中呢？那是因為演化並沒有在這個社會兩難上，為我們預做準備。關於這一點，可以從兩方面來說明：第一，在幾乎整個人類歷史的發展過程中，一直都有無限的資源可供我們使用；第二，直到大約一萬年前，我們的生活形態都還維持在規模五十人左右的小團體。在這樣的小團體裡，每個成員彼此認識，若有人膽敢利用公家的資源謀取一己之私利，他馬上會被揪出來，並且受到報復，甚至得面臨千夫所指的嚴重後果。時至今日，在某些小團體裡，藉由羞辱所進行的制裁依然在運行著。當我去朋友家參加派對時，雖然當場並沒有警察站在旁邊，我還是會控制自己，不要趁機將朋友家的冰箱洗劫一空。然而，在一個匿名的社會裡，千夫所指的羞辱就變得無法運行。

舉凡那些「爽到你、艱苦到咱」的各種情況，都隱含著公地悲劇，諸如二氧化碳的排放、濫墾濫伐、汙染水源、灌溉、無線電射頻的過度使用、公共廁所、太空垃圾、大到不能倒的銀行等等。不過，這也並不表示自利的行為全然不道德；在公地上多放牧一頭牛的農夫，並非因此就豬狗不如！這齣「悲劇」只是一種效應；當某個團體的規模越過了一百人左右，而我們也因此超出了系統再生能力的極限時，便會引發這樣的效應。事實上，不需要特別出類拔萃的聰明才智就可看出，往後我們將會面臨愈來愈多這樣的問題。

事實上，公地悲劇是亞當・斯密（Adam Smith）所主張「看不見的手」（invisible hand）的反面。在某些特定的情況裡，看不見的手未必會將市場調整到最佳狀態；相反地，它可能會讓市場走向崩潰。

當然，的確有一些人會考慮到他的行為，究竟會給人類及生態系統造成什麼樣的影響。然而，所有以這種自律或自我負責為本的政策，到最後一定是搞得灰頭土臉。**我們實在不能夠指望人類的道德理性**；對此，美國左翼作家厄普頓・辛克萊（Upton Sinclair）曾經一針見血地說道：「要是某人的收入取決於對某件事裝傻，想要讓那個人理解那件事，簡直是難如登天！」

簡單來說，想要解決公地悲劇的問題，只有以上所說的兩條路可行：私有化或管理。而所有無法被私有化的東西，諸如大氣層、海洋、衛星軌道等等，就必須透過管理。

20 結果偏誤

The Outcome Bias

Verkaufen：賣出

請別用結果來論斷某個決定

讓我們來做個思考小實驗。假設有一百萬隻猴子在投資股市，牠們買賣股票的方式，就如同牠們天生那般狂野、率性，完全出於隨意。接下來會發生什麼事呢？過了一年之後，大概會有一半的猴子投資成功、口袋滿滿，而另一半則不幸地在股市中鎩羽，慘遭三振出局。接著，又過了一年之後，前一年投資成功的猴子當中，又會有大約半數的猴子持續勝出；相對地，也有大約半數的猴子則在今年敗下陣來。就這麼在股海裡翻騰過了十年之後，剩下來的猴子大約只有一千隻左右，牠們在過去十年中，總是幸運地挑到了好股票。二十年過去，最後只剩下一隻猴子屹立不搖。牠的準確投資為牠賺進了億萬財富，而我們則尊奉牠為「猴犀利股神」！

對於這樣的事情，媒體會如何反應呢？他們會蜂擁而至，爭相採訪這位猴犀利股神，想辦法挖出牠的成功訣竅。人們可能會發現，原來牠的祕訣就是比別的猴子吃了更多的香蕉，或總是躲在籠子裡某個神祕角落，在那裡冷靜地思考；又或者，牠總是在樹枝間來回擺盪，藉此進行某種特別的修練；甚至可能是牠在抓蝨子時，總是適時地讓腦袋放空。總之，無論如何，猴犀利股神鐵定掌握了某種成功訣竅，不是嗎？要不然牠怎麼可能會有這麼傲人的操作績效呢？僅憑一隻無知的猴子，哪能夠在股海裡連續翻騰二十年，還始終保持著不敗之身？根本就不可能嘛！

這個猴子闖蕩股市的故事說明了「結果偏誤」這種現象。**我們總是傾向用「結果」來評斷「決定」，而不是根據「當時的決定過程」來評斷「決定」**。這項思考錯誤有時也被稱為「史學家謬誤」（historian's fallacy），經典的適例就是日本偷襲珍珠港事件。究竟美國政府當時該不該疏散珍珠港這個軍事據點的人民呢？如果以今日的觀點來看，顯然是該進行疏散，因為有許多跡象顯示，當時日軍的攻擊行動已是箭在弦上，不得不發。是的，從後見之明的角度看來，當時那些跡象的確很明顯。然而，如果將時空倒回至一九四一年，我們會發現，當時其實並存著無數相互矛盾的跡象；一些跡象指向日本會發動攻擊，另一些卻完全相反。如果想要正確地評價當時的決策品質（究竟該不該進行疏散），我們必須設身處地回到當時真正的資訊處境裡，並將事後得知的種種事實一一過濾掉（尤其是日本確實偷襲了珍珠港這項事實）。

讓我們再來做個思考小實驗。假設你得要評價三位心臟外科醫師的優劣；為此，你讓這三位大夫各執行五台相當困難的手術。幾年過去，這幾台手術的病患因手術失敗而難逃一死的平均機率為百分之二十。C醫師手裡的病患有兩名不幸死亡，B醫師手裡的病患有一名不幸死亡，A醫師手裡的病患則全數重獲新生。你會如何評價A、B、C這三位醫師的成績呢？如果你與大多數的人思路相同，一定會認為A醫師最好，B醫師次之，C醫師最差。倘若你真是這麼想，你便落入結果偏誤的窠臼裡了。你大概可以猜想到是為什麼了吧？在上面這個頭腦體操中，所提到的樣本實在太小了；連帶地，它的結果也沒有什麼意義。可是，話說回來，我們又該如何評價這三位外科醫師呢？事實上，只有當你看得出醫術方面的門道，並且在手術的準備與執行過程中，從旁觀察到醫師們的能力與用心，你才可能正確、公允地評價這幾位醫師。也就是說，要以過程而非結果來論斷他們的優劣。不然，你就得去收集更大的手術結果樣本，比如超過一百或一千個案例。我們將在別的章節裡針對樣本過小的問題進行討論，在這裡你只要知道，根據實際的統計資料顯示，就一位中等的外科醫師來說，不會有任何病患死在他手上的機率為百分之三十三，有一位病患死在他手上的機率為百分之四十一，而有兩位病患死在他手上的機率則為百分之二十。若我們僅以先前所述的結果來評價這三位醫師，不僅太過輕率，還很不道德！

結論：**千萬不要僅以成敗論英雄**。一個壞的結果並不必然等於是做了一個壞的決定；反之亦然。不要對那些事後看起來是錯誤的決定落井下石，也不必對那些可能純粹是出於意外而獲得成功的決定錦上添花。你應該做的是張大眼睛看清楚，你或別人「為什麼」會做出某些決定？是出於理性的、可行的理由嗎？如果是的話，就請你下回繼續照做下去，不要再去管上一回你是不是遇到了什麼倒楣的結果。

21 選擇的弔詭

The Paradox of Choice

為何更多反而是更少

我姊姊跟姊夫買了一間預售屋，從那之後，我們就再也無法跟過去一樣正常地交談了。過去兩個月裡，我們之間的所有對話幾乎都圍繞著浴室的地板打轉，從磁磚、花崗石、大理石、混凝土磚、木板、玻璃板一直到層壓板等，令人眼花撩亂的各式建材任君挑選。在此之前，我還真的很少見到家姊如此苦惱；她不斷攤開雙手，左右為難地抱怨道：「可以選的款式真的太多了！」接著又會繼續埋首在她那本地板目錄中。這本目錄可是她近期居家或外出的必備良伴。

先前我也曾經對住家附近的超商進行調查，除了私底下偷偷計算以外，偶爾我也會直接向店裡的人打聽。經過一陣明查暗訪後，我發現這家超商總共提供了四十八種優格、一百三十四種不同的紅酒、六十四種各式清潔用品，林林總總加起來，約有三萬件商品。在知名的網路書店亞馬遜（Amazon）裡，甚至提供了超過兩百萬種各式書籍讓讀者們挑選。今時今日，我們在許多方面都擁有數量十分驚人的選擇；比方說，心理疾病的症狀至少就有五百種，形形色色的各行各業則有上千種，各式各樣的旅遊套餐甚至超過五千種，更不用說琳瑯滿目的各式生活用品。選擇多到把人給淹沒，這種情形過去未曾有過。

記得在我小的時候，只有三種優格、三個電視頻道、兩家教會、兩種乳酪（微酸與淡味兩種口味的太爾西特〔Tilsiter〕乾酪）、一種魚（鱒魚）以及一種電話機（由瑞士郵政〔Schweizer Post〕所提供）。那種黑色外殼配上一個撥號輪盤的舊式電話機，除了打電話以外，再無其他任何功能。可是，就當時來說，這已經足夠。然而，時至今日，當我們走進手機行裡，立刻就會發現各式手機排山倒海迎面而來；不僅如此，各種綁約的優惠方案，更是多到讓人咋舌。

不過，具有選擇性其實是某種進步的標竿；眾多的選擇，讓我們得以與計畫經濟（planned economy）和石器時代有所區別。是的，有所選擇確實是幸福的！但選擇終究不能毫無節制，必須要有一個界限；一旦超出這個界限，多餘的選擇反倒會破壞生活品質。這樣的概念就叫「選擇的弔詭」。

在《只想買條牛仔褲：選擇的弔詭》（*The Paradox of Choice : Why More is Less*）這本書裡，美國心理學家貝瑞・史瓦茲（Barry Schwartz）曾經深入剖析這個問題。就他看來，之所以會發生選擇的弔詭，主要原因有三：第一，**大量選項反而使我們內心一片茫然**。例如，有天某家超市提供二十四種果醬給顧客試吃，顧客可以隨心所欲地品嚐，試吃後若感到滿意而欲購買，還有打折的優惠。第二天，這家超商故技重施，只不過試吃的果醬從前一天的二十四種減到只剩六種。結果呢？一天下來，竟然賣出比前一天多十倍的果醬！怎麼會這樣？原因就在面對過多選擇時，顧客反而會陷入左右為難、不知所措的窘境，到頭來乾脆什麼也不買了。這項試驗曾多次改以不同的商品進行，最後的結果都一樣。

第二，**大量選項會導致不良的決定**。當我們去問一些年輕人所看重的擇偶條件是什麼，他們可能會列出許多令人尊敬的特質，諸如聰明、有禮貌、熱心、願意傾聽、幽默、外表具有吸引力等等。然而，在實際選擇終生伴侶時，上述這一長串標準真的派上用場了嗎？從前在一個中等規模的村莊裡，一位未婚年輕男性可能的同齡擇偶對象，大約是二十位未婚年輕女性。他們多半在求學時就相互認識，也因此可以好好地評估這些可能的終生伴侶。可是，今日我們已身處一個網路約會的時代，未婚年輕男性可能的擇偶對象或許多達百萬。在選擇壓力如此龐大之下，男性的大腦只會採取唯一一種標準來處理這個複雜的局面；根據事後的經驗研究顯示，這唯一的標準就是「外表具有吸引力」。這種選擇過程的後果，相信你應該不陌生；說不定這正是你自己的親身經驗呢！

第三，**大量選項會導致不滿**。當你面對兩百種選項，如何才能確定你做了最好的選擇？答案是：不可能！愈多選擇只會讓你在做出決定後愈感到不確定，同時愈感到不滿。

那麼，我們到底該怎麼辦呢？在你細查既有的選項前，請先想清楚你要的究竟是什麼。接著，請將你的標準寫下，並且無條件地遵循這些標準。最後，從你根本不可能做出完美選擇這個觀點出發，開始進行挑選。有鑑於選項無涯、回頭是岸，極大化事實上是一種非理性的至善論。因此，請你知足常樂地接受「好的答案」；是的，這種態度也請套用在擇偶方面。難道只有「最好」才夠好嗎？在這樣一個選項無涯的時代裡，顯然應該倒過來才對：「夠好」就是最好的了！

22 討喜偏誤

The Liking Bias

由於你想受人歡迎，於是你做出一些非理性的事

凱文買了兩箱上等的馬爾戈（Margaux）葡萄酒。事實上，他根本很少喝酒，甚至從未喝過波爾多（Bordeaux）的葡萄酒。可是由於賣酒給他的女銷售員對他有好感（是的，她確實既不諂媚也不巴結，就只是對他有好感），凱文便大方掏出腰包，買下這兩箱酒。

喬・吉拉德（Joe Girard）被公認為全球最成功的汽車銷售員。他成功的祕訣在於：「沒有什麼比讓顧客認為他真的受歡迎更有效！」吉拉德每個月寄給所有的顧客一張小卡片；當然，老主顧也不能放過。卡片上頭他只寫一句話：「我喜歡你。」

「討喜偏誤」可說是簡單到連白痴都能理解；儘管如此，我們卻一而再、再而三地中招！它的意思是說：**當別人表現得對我們愈有好感，我們就愈容易向這些人買東西，或是對這些人伸出援手**。等等，這裡有一個問題：究竟什麼是有好感呢？關於「好感」，學者們列出了一系列的要素：當（A）這個人格外具有吸引力；（B）這個人跟我們在出身背景、人格及興趣等方面相似；（C）這個人覺得我們對他有好感，那麼他就對我們有好感。讓我們順著上述A、B、C的順序，以廣告為例說明。廣告裡總是充斥著十分具有吸引力的人物；那些長得醜的人會讓人感受不到好感，因此不太適合擔任廣告主角（參照A）。但是除了那些超有魅力的廣告明星外，許多廣告還是會請像你我一樣的小人物擔綱

演出，他們跟你我有著相似的外表、口音、背景等。簡單來說，相似度愈高，效果就愈好（參照B）。除了以上兩類廣告，設法恭維觀眾的廣告也不在少數。比方說，這類廣告會說出類似「因為你值得」這樣的廣告詞。在這裡，要素C發揮了作用：若有人顯出他對我們有好感，我們也會傾向於對他有好感。就算恭維的內容一聽就知道是謊言，還是可以發揮出神奇的效果！

「鏡像」（mirroring）是推銷的一種基本功，推銷員會試著去模仿顧客的儀態、言語以及表情等。若是顧客說話特別慢、特別小聲，三不五時還搔搔額頭，那麼推銷員最好也放慢說話的速度、降低說話的音量，並且跟著三不五時搔搔額頭。如此一來，在顧客的眼中，他就會覺得你對他有好感；連帶地，也能夠提高成交的機率。

多層次傳銷（multi-level marketing）之所以能夠成功，完全得仰賴討喜偏誤。雖然在超級市場裡用四分之一的價格就能買到同樣優質的塑膠容器，但販售這類商品的直銷商特百惠（Tupperware）卻硬是能夠締造年營業額二十億美元的佳績，到底是為何？就是因為舉辦特百惠派對（Tupperware Party）的女性朋友們，將好感招術發揮到淋漓盡致。

慈善團體也很會善用討喜偏誤。他們的宣傳幾乎清一色採用和藹可親的兒童或婦女擔任主角。在他們的宣傳海報上，你完全不會看到某個受傷的游擊隊戰士板著陰鬱的臉孔，從海報裡惡狠狠地往外瞪；儘管受傷的游擊隊戰士或許更需要你伸出援手！就連環保團體也都會利用討喜偏誤。你何曾看過世界自然基金會（WWF）的廣告是由蜘蛛、蠕蟲、海藻或細菌擔任主角？這些生物或許跟貓熊、黑猩猩、無尾熊以及海豹一樣都瀕臨絕種；牠們甚至對維護生態系統更有貢獻。遺憾的是，我們對於這些生物「無感」啊！某種動物看世界的樣子愈像人類，就愈容易讓我們覺得牠們對我們有好感。中歐的橙頭蒼蠅（*Thyreophora Cynophila*）絕種了嗎？唉，真是可惜！

政客們同樣也會推陳出新地耍弄討喜偏誤，技巧還十分精湛！他們隨時可以見人說人話、見鬼說鬼話，根據面對的群眾見風使舵強調彼此的共同點。他們可以一下子強調「大家都是在地的」，一下子說「大家都處在某個社會階層」，一下子又主張「大家有著共同的經濟利益」。他們甚至可以對選民阿諛奉承，讓大家都有一種絕對不能棄權的感覺，因為「你手中那神聖的一票，將左右我們的未來」！當然，每一票確實都很重要，只不過真的是太微不足道了。

我有位朋友是抽油泵的代理商，一回他跟我說他如何拿到一張與俄國輸油管線有關、價值高達千萬歐元的訂單。我問他：「是不是靠賄賂啊？」他搖搖頭說：「我本來在跟對方閒聊，聊著聊著，突然就聊到駕駛帆船的話題上。這下我們倆才發現，原來我們都是四七〇級帆船（470 dinghy）的瘋狂愛好者！從那一刻起，我讓他有了好感，而我們也相見恨晚地成了莫逆之交。就這樣，我做成這筆生意。好感顯然比賄賂來得更有用。」

結論：在決定一筆交易時，千萬別去考慮賣方。請你將賣方從考量中抹去；要是能夠把賣方想成他對你並無好感，那會更好！

23 稟賦效應

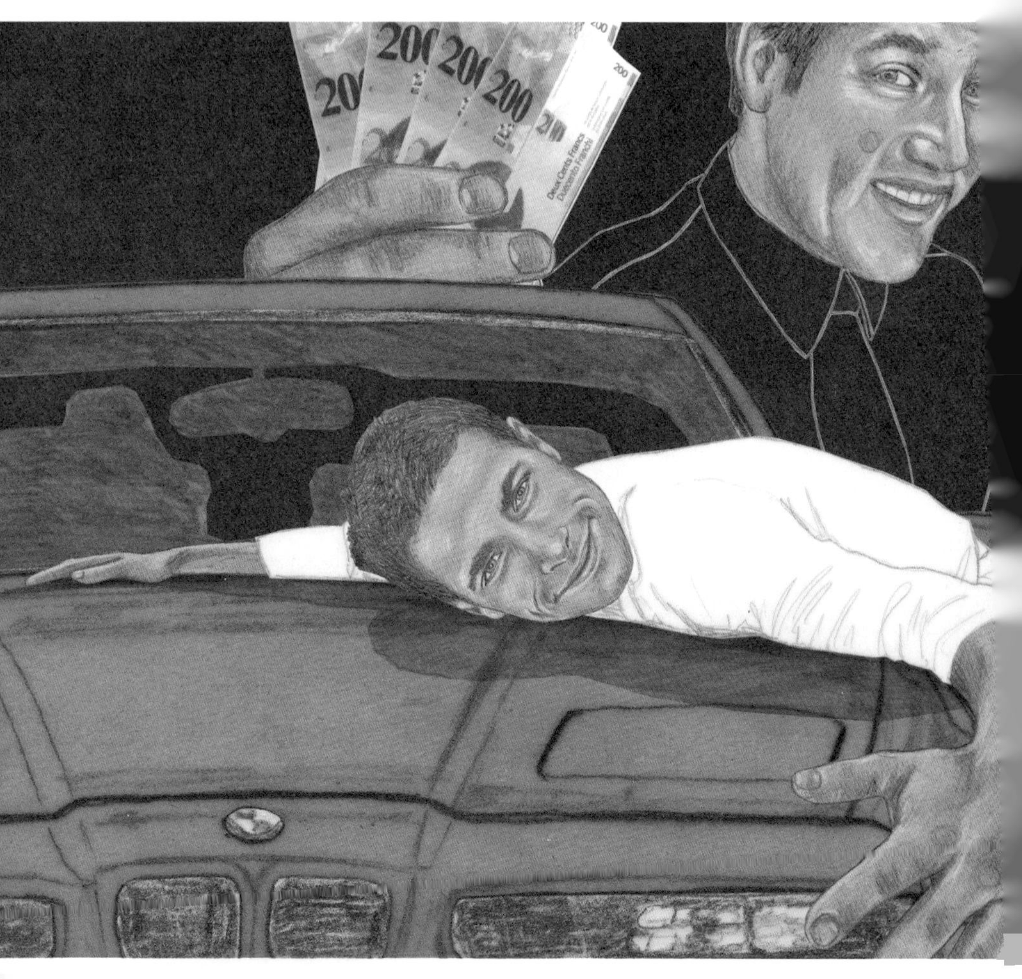

The Endowment Effect

請不要緊抱著某件事物不放

在一家二手車商賣場裡，一部ＢＭＷ閃閃發亮；儘管這部車已經累積不少里程，它依然保持在無可挑剔的完美狀態。見到這樣一部車雖然很心動，但五萬歐元的售價著實讓我很難爽快掏出荷包。我對中古車還算有那麼一點研究，在我眼裡，這部狀態相當好的ＢＭＷ，頂多只值四萬歐元。可是老闆的態度強硬，在雙方都不肯讓步下，這筆交易也就胎死腹中。然而，過了一個星期後，事情卻有了轉機；二手車行的老闆打電話給我，跟我說他後來考慮了一下，決定以四萬歐元將那部ＢＭＷ便宜賣給我。一聽老闆如此有誠意，我也很乾脆地當場買下。隔天，我開著剛入手的這部ＢＭＷ到某個加油站，沒想到車子才一進站，馬上就吸引加油站老闆的目光。那位老闆立刻跑過來，想跟我打個商量，願意出五萬三千歐元買我這輛車，希望我能割愛。我二話不說地拒絕了！等到我在回家的路上回過神來，才驚覺剛剛的回應是多麼地不理性。這部ＢＭＷ原本在我眼中頂多只值四萬歐元；才剛入手，它在我眼裡的價值一下子暴增到超過五萬三千歐元。若不是這個緣故，我剛剛一定會在加油站把它脫手才對。我所犯的思考錯誤，其背後暗藏了一種所謂的「稟賦效應」。這種效應的意思是說：當我們沒吃到葡萄，總會把葡萄貶抑得比實際上還酸；當我們吃到了葡萄，則會把葡萄吹捧得比實際上還甜。換句話說，以買賣同一件標的物為例，如果我們是賣方，所開出的價格總會高於當我們站在買方時所願意出的價格。

心理學家丹・艾瑞利（Dan Ariely）曾做過以下這個有趣的實驗：他提供幾張重要的籃球賽門票給他的學生摸彩，接著分頭詢問每位學生的反應。他先詢問那些沒抽中門票的學生，若讓他們自掏腰包，願意出多少錢買這樣的門票？他們大多只願意出到一百七十美元左右。接著，他又詢問那些抽中門票的幸運兒，如果讓他們轉賣抽中的門票，多少錢他們才肯賣？平均要到兩千四百美元，這些幸運兒才肯割愛。實驗結果指出一個簡單明瞭的事實：**當我們擁有某件東西，主觀上我們就會顯著地為這件東西加值**。

在不動產的買賣裡，稟賦效應也表現得十分明顯。賣方往往會系統性地將他的不動產估得比市價還高；對其而言，市價似乎總是不利於他。這顯然是一種傲慢，不過倒也無可厚非，因為賣方對他的產業終歸是有感情的。然而這筆感情加值，通常要由買方充當冤大頭來吸收，這種情況自然十分地荒謬。

對於「稟賦效應」，股神巴菲特的左右手查理・蒙格也有過很深刻的親身體悟。當時蒙格還年輕，很幸運地遇上了一件油水很多的投資案，可惜在那個時間點上，他的投資水位早已滿溢，手上再無銀彈可資運用。不過，若他真想入股那件投資案，倒也不是絕對不可能；只是這樣一來，他就得先降低某些持股部位。幾經考慮，最終他還是決定放棄。稟賦效應讓他對這件投資案縮手，就這樣，蒙格眼睜睜地錯失了五百多萬美元輕鬆入袋的好機會，而這一切全是因為他無法忍痛割捨某檔持股！

對我們來說，「放手」顯然比「積聚」來得困難許多。這一點不僅解釋了為何我們每個人的家裡都累積了一大堆廢物，也解釋了為什麼郵票、鐘錶或是藝術品的收藏家鮮少將他們的收藏拿出來交換或變賣。

耐人尋味的是，**稟賦效應不僅在「擁有」的情況下讓人中邪，在「準擁有」情況中一樣會跑出來作祟**，例如在拍賣會上。諸如佳士得（Christie's）、蘇富比（Sotheby's）等世界知名的拍賣會，都是靠著稟賦效應來維生。在拍賣會場上，最後一位出價者通常都會油然生起一股感覺，就是：哈、哈，這件藝術品（幾乎）是我的囊中物啦！連帶地，這位出價的買家便會自動對相中的獵物提升它未來的價值。於是，這時的他突然進入一種狀態，只要有人繼續出價，他就願意往上出更高的價錢。競價飆高往往被認為是一種損失，因為它與理性背道而馳。因此，在許多大型的拍賣場合裡，例如拍賣開採權或無線電波頻道等標的，經常會引發「贏者詛咒」：由於出價過高，拍賣場上光榮得標的贏家，實際上卻是慘敗的冤大頭！更多關於贏者詛咒的內容，我們將另闢專章討論。

當你前去求職而最終未能錄取，在不確定究竟出於什麼理由而遭拒的情況下，你可能會感到有點難過。可是當你曉得你是到了最後一關才被刷掉，必定會感到十分痛心！然而，如此不同的反應根本沒什麼道理，因為求職的結果不是錄取就是不錄取，其他旁枝末節根本無關緊要。結論：請不要緊抱著某件事物不放！請將你所擁有的東西視為在宇宙中與你偶然相遇的過客。請牢記，你所擁有的一切，隨時都有可能再次離你而去！

24 奇蹟

The Wonder

「不可能」事件的必然性

有一間位在美國內布拉斯加州（Nebraska）畢雅翠絲（Beatrice）的教會，在西元一九五〇年三月一日那天，其所屬合唱團的十五位團員，原本約好要在當天傍晚七點十五分左右一起到教會練唱。可是當天所有的成員，竟然因為各種不同原因，不約而同地統統遲到。牧師一家之所以遲到，是因為牧師太太還得幫他們的女兒燙衣服；另外一對夫婦之所以遲到，是因為他們家的車子突然發不動；鋼琴師原本打算提前半小時到，可是他在吃過晚飯後，跑去小睡一會兒，沒想到一覺醒來，竟然睡過了頭。其他團員們的遲到原因，在此就不再一一贅述。到了當天傍晚七點二十五分左右，這間教會發生了一場嚴重的爆炸！當時整個村子都可聽到劇烈的爆炸聲，牆壁的碎片四處飛濺，教堂的屋頂也應聲坍塌。神奇的是，如此嚴重的一件爆炸案，竟無一人傷亡！消防隊事後進行了調查，隊上的負責人表示：該起爆炸是由於瓦斯漏氣所致。然而，教會合唱團的所有團員們卻都堅信，整起事件根本就是上帝顯靈！究竟這場無人傷亡的爆炸是上帝的傑作，亦或只是巧合呢？

上個星期，不曉得是什麼原因，我突然心血來潮，想起了一個老同學安德烈亞斯；我們兩個已經有好長一段時間沒有聯絡了。就在那個當下，電話突然響了起來；我一接起，竟然正是安德烈亞斯！我不禁興奮地高喊：「這一定是心電感應！」究竟這通久違的問候是心電感應，亦或也只是巧合呢？

西元一九九〇年十月五日，《舊金山觀察家報》（*San Francisco Examiner*）披露了一件消息：英特爾（Intel）擬向競爭對手超微半導體（AMD）提告。事情是這樣的：英特爾發現超微計畫推出一款名為AM386的晶片，但這款晶片的名稱，顯然是仿照英特爾的386晶片。有趣的是，之所以會引爆這件晶片名稱的雙胞案，其實是因為兩家公司所雇用的員工也鬧雙胞案。這兩家公司都各自雇用了一位名為麥克・韋伯的員工；更巧的是，這兩位麥克・韋伯竟然在同一天登記入住加州的同一家飯店。在兩人先後退房離開後，飯店收到一個收件人為麥克・韋伯的包裹，裡面夾帶有一份關於AM386晶片的機密文件。在不知情的情況下，飯店誤將這件包裹寄給英特爾所屬的麥克・韋伯。驚見敵營機密文件的麥克・韋伯，立刻便將該文件轉呈英特爾的法務部門。

以上這幾個故事，實際發生的機率究竟有多少呢？瑞士精神病學家榮格（Carl Jung）認為，這當中有某種未知的力量在作用著，他將這種力量稱為「共時性」（synchronicity）。然而，身為「頭腦清楚」的人，我們應該怎麼看待這樣的故事？我們最好準備一張紙及一枝筆，先來嘗試處理第一個故事，也就是教會爆炸案。請你拿起筆，將準備好的紙畫成四等分。在第一等分裡，請寫上第一種組合：「合唱團員遲到＋教會爆炸」。接著以此類推，在其他三等分裡分別寫上另外三種組合：「合唱團員遲到＋教會未爆炸」、「合唱團員未遲到＋教會爆炸」、「合唱團員未遲到＋教會未爆炸」。接著，請估測一下各種組合的發生頻率，並將估測結果分別填到各等分裡。你可以想想看，最後一種組合（合唱團員未遲到＋教會未爆炸）實際發生的頻率可能有多高？每天，在全球數百萬個教會裡，總有無數的合唱團約好時間一起練唱，而到了他們實際練唱時，教會也沒有爆炸。進行到這裡，突然間，這個關於教會爆炸的故事，似乎變得不再那麼不可理解了！相反地，長期下來，若是在全球這麼多教會中，自始至終都不曾發生上述那樣的爆炸事件，才真的很不可能！也就是說，這不是什麼上帝的傑作，甚至如果我們再想仔細一點，為什麼上帝會想將某間教會炸得粉碎呢？如果這是上帝的溝通方式，未免也太愚蠢了一點吧！

同樣的分析方法也可應用在心有靈犀電話案裡。你可以列出各種不同的組合，例如「安德烈亞斯想到你＋他並未打電話給你」、「你想到安德烈亞斯＋他並未打電話給你」、「你並未想到安德烈亞斯＋他打電話給你」、「安德烈亞斯並未想到你＋你打電話給他」，以及占最多數情況的「你並未想到安德烈亞斯＋他並未打電話給你」。事實上，人類有百分之九十的時間都在想著別人；因此，自始至終都未發生兩個人同時想到對方，其中一個還拿起話筒打給對方，這才真的不可能！當然，這種事並非得限定在像安德烈亞斯這樣的老同學上頭；如果你還有上百位熟人，發生這種事的機率也會相對提高。

結論：那些所謂不可能的巧合，雖然極為罕見，但絕對是可能發生的事。它們的發生並不令人意外；相反地，若是它們自始至終從來都未發生，那才真的叫人意外！

25 團體迷思

Groupthink

為何共識可能是危險的

你曾經在某個會議裡保留過你的意見嗎？一定有過。我們經常在會議中保持沉默，對於所提出的議案點頭表示同意；我們總是不想成為團體裡（永遠）的搗蛋者。除此之外，我們或許對自己所持的異議也沒那麼有把握。畢竟，其他人也不是笨蛋，他們會異口同聲地贊成某些想法，自然也有其道理。就這樣，我們退縮並且噤聲。倘若團體裡人人都這麼做，「團體迷思」便會就此產生。它的意思是說：**一個由一堆聰明人組成的團體，因為每個成員都刻意去迎合被信以為真的共識，最終這個團體便會做出一些愚蠢的決定**。也就是說，最後會產生出每個成員在平常情況下或許都會加以否決的一些決定。團體迷思是社會認同這種思考錯誤的特例；在先前的章節裡，我們已經討論過社會認同。

自一九六〇年三月起，美國的特務單位便開始組織反共的古巴裔流亡人士，希望借這些流亡人士之手，推翻古巴的卡斯楚（Fidel Castro）政權。到了一九六一年一月，當時美國的新科總統約翰・甘迺迪（John F. Kennedy）甫就職兩天，美國的中央情報局（CIA）便將先前擬妥的入侵古巴祕密計畫呈報給甘迺迪。一九六一年四月，針對這項入侵古巴的計畫，美國政府高層在白宮召開一場決策會議；與會的甘迺迪及他的顧問們，全都對這項入侵計畫投下贊成票。一九六一年四月十七日，在美國海軍、空軍及中情局的協助下，一支由一千四百位古巴流亡人士組成的突擊旅，在古巴南岸的豬玀灣（Bay of Pigs）登陸。這支突擊旅的目標就是要推翻卡斯楚，無奈事與願違，更糟的是接下來的所有發展，根本完全背離美國官方事先寫好的劇本。到了第二天，完全沒有任何補給船艦到得了岸邊；先頭的兩艘補給艦被古巴空軍擊沉，後頭的兩艘見狀後逃之夭夭。才短短一天時間，這支突擊旅就被卡斯楚的部隊團團包圍。到了第三天，倖存的一千兩百名突擊戰士全數被捕，淪為戰俘營裡的階下囚。

甘迺迪的「豬玀灣入侵事件」（Bay of Pigs Invasion），被認為是美國外交政策上的最大敗筆之一。這次的行動失敗，坦白說並不令人感到意外；真正令人意外的是，這麼離譜的計畫為什麼會通過呢？這次行動的所有假設前提，很明顯都是錯的。例如，美方太過低估古巴的空軍戰力。還有，原先美方盤算著，若是這支由一千四百位古巴流亡人士組成的突擊旅不能一舉得手，他們可以轉進艾斯坎布雷山脈（Escambray Mountains）躲藏，並以該處為根據地，展開對抗卡斯楚的游擊戰。然而，如果稍微去瞄一下古巴地圖，不難發現這個設定好的逃亡地點，與豬玀灣之間的距離實際上長達一百五十公里，更不用說中間還隔著一大片難以穿越的沼澤區。可是，那又怎樣呢？甘迺迪跟他的顧問們，這些美國政府史上數一數二的聰明人，還不是同意了這麼離譜的一項計畫。這不禁令人好奇，一九六一年的一月到四月間，甘迺迪這幫人馬到底是出了什麼事，怎麼會如此恍神？

心理學教授艾爾芬・詹尼斯（Irving Janis）★曾針對許多失敗的決策進行深入研究。根據他的研究結果，這些失敗個案都有一個共同點：一個共謀團體裡的所有成員，會在不知不覺的狀態下，藉由構築錯覺培養出某種「團隊精神」（esprit de corps）。其中一種錯覺就是對「不敗」的迷信。比方說，成員們會相信：「要是我們的領袖（在上述的案例中為甘迺迪）及整個團隊都堅信這項計畫可行，那麼幸運就會站在我們這一方！」跟著，便會產生「全體同意」的錯覺。比方個別成員會認為：「若是別人全都意見一致，那麼我的異議必然是錯的！」如此一來，人們便不願成為可能破壞團結的攪局者。最終，我們會因能夠歸屬於團體而感到欣慰，畢竟堅持己見可能意味著會被團體掃地出門！

團體迷思也發生在經濟活動裡，經典案例之一就是二〇〇一年瑞士航空（Swissair）的倒閉。當時瑞航執行長身邊圍繞著一群顧問，他們一直沉浸在過往的成功裡，因此對擴張策略帶來的高度風險，竟然沒有人提出異議，以致最終不幸得出一個強有力的錯誤共識。

結論：當你身處一個具有高度共識的共謀團體，即使其他成員都不想聽，你也一定要勇敢表達出自己的意見。請細心地探求所有未言明的假設前提。在緊急的情況下，就算冒著被溫暖的團體掃地出門的風險，你也要挺身而出，直言不諱！倘若你是某個團體的領導者，那麼**請你指定某位成員擔任「魔鬼代言人」**。他鐵定不是團隊中最受歡迎的人物，不過或許是最重要的人物！

★一九一八—一九九〇，團體迷思現象的提出者。

26 輕忽機率偏誤

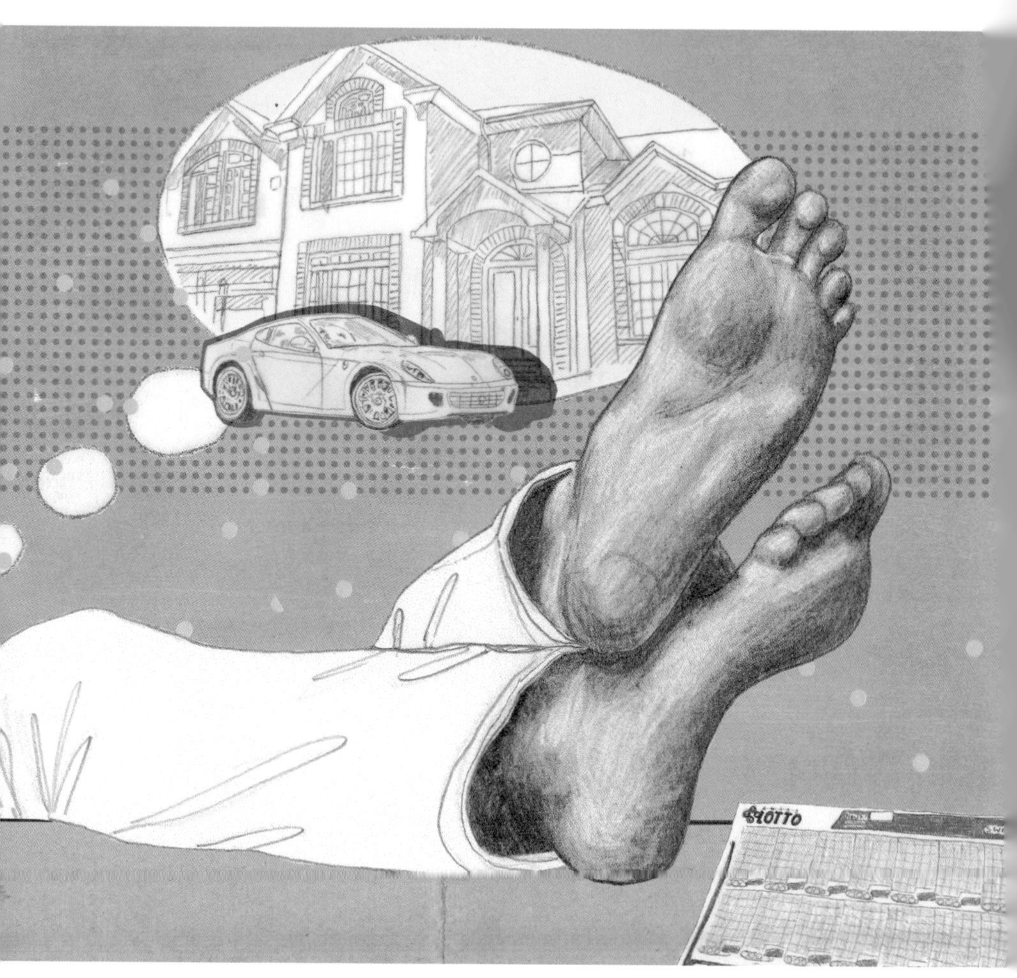

The Neglect of Probability

為什麼樂透的彩金會愈來愈大

以下兩種賭博你會選擇哪一個？參加第一種賭博，你有機會把一千萬歐元抱回家；參加第二種賭博，你最多只能贏得一萬歐元。賭第一種，要是你幸運中獎，你的人生將完全改觀；你可以馬上跟老闆嗆聲說：「老子不幹了！」光憑銀行的利息，這輩子就吃穿不愁。賭第二種，你頂多就是去一趟加勒比海度假，如此而已。然而，假設第一種賭博的中獎機率只有一億分之一，第二種賭博的中獎機率卻「高達」一萬分之一，這樣的話，你又會選哪一個？儘管從客觀上看來，第二種賭博要比第一種賭博好上十倍，但我們的情感仍會慫恿我們去玩第一種賭博。正因為如此，不管中獎機會多麼地微乎其微，各種樂透的彩金仍能不斷屢創新高，從百萬、千萬、億，一直到破兆！

對此，一九七二年時有一項經典實驗。參與該實驗的受試者被分成兩組；第一組被告知等下他們鐵定會遭到電擊，第二組則被告知等下他們有百分之五十的機率會遭到電擊。研究人員在先前預告的時間點快到之前，從旁測量這些受試者們的身體反應（諸如心跳、神經緊張、手心冒汗的情況等），最後出來的結果令人大吃一驚：兩組竟然沒有明顯的區別，都表現出同樣的不安！於是研究人員接著又做了幾次同樣的實驗，只不過第二組成員被告知將遭受電擊的機率，陸續從百分之二十、百分之十，一直降到百分之五。最後的結果還是一樣：兩組受試者仍舊表現出同樣的不安。面對這樣的結果，研究人員索性換個方式進行實驗；他們除了告知兩組受試者遭受電擊的機率外，還告知他們要「增強」電壓。最後的結果：兩組的身體反應都跟著加強，但仍舊表現出同樣的不安。這些研究結果表明了：**我們會對期待發生的事件之規模有所反應**（例如，彩金的總額或電壓的強弱等），**至於它們的發生機率，我們則近乎無感**。換句話說，我們欠缺某種對於發生機率的直觀理解能力。

這種現象我們稱之為「輕忽機率」，它會導致我們做出錯誤決定。比方說，我們會因為垂涎可能的豐厚獲利，而輕率地投資一家草創的新公司，完全忘了（有時可能因為懶惰）該去檢視一下這樣一家新的企業，最終真正能夠實現獲利的機率有多高。又比方說，在看了媒體強力放送某次墜機意外的報導後，我們竟然把訂好的機票放到過期，完全沒想到要去審視一下，發生墜機意外的機率是多麼微乎其微（一般來說，發生一次墜機意外之後，再度發生同樣規模墜機意外的機率，跟先前是一樣的）。

許多業餘投資者僅憑收益來決定他們的投資策略。對他們而言，假設 Google 這檔股票的投報率有百分之二十，投資不動產的投報率僅有百分之十，那麼他們便會認為，投資 Google 比投資不動產要好上一倍。然而較為理性的態度，應該是仔細去詳查這兩項投資所具有的不同風險才對。無奈的是，對於風險，我們同樣沒有天生的直觀感受能力。

讓我們再回到先前那個電擊實驗。現在的情況改成：第二組受試者遭到電擊的機率持續從百分之五、百分之四、百分之三這麼一路降下去。一直要到機率是零的時候，原本難分難解的兩組，才終於分出了高下。結果顯示：比起機率還有百分之一的情況，當機率變成零時，受試者的不安反應明顯改善了許多。

請你評斷一下以下兩種淨化飲用水的措施。有條河流具有a、b兩條同樣大小的支流。如果採用措施A，因為a支流的汙水所引發的致命風險，可以從百分之五降至百分之二。如果採用措施B，因為b支流的汙水所引發的致命風險，則可以從百分之一降到零；也就是說，完全排除任何風險。在上述的情況下，你會選哪一個？要是你的思路與大多數人一樣，你應該會選措施B。可是這個答案似乎有點愚蠢，因為若採用措施A，可以多讓百分之三的人倖免於難；若採用措施B，只可多讓百分之一的人倖免於難。也就是說，措施A的效果其實是措施B的三倍！這項思考錯誤稱之為「零風險偏誤」，我們將在下一章深入討論這項偏誤。

結論：**除了風險為零的情況外，我們其實相當拙於明辨不同風險的危險程度**。由於我們無法直觀地掌握風險，因此必須花點心思去計算風險。發生機率已為人所悉的情況比較容易應付，例如樂透的中獎機率便為人熟知，可以拿來當作包牌的參考。然而，日常生活中面臨到的許多風險，經常難以估算；無奈的是，我們也沒有更好的應對方法。

27 零風險偏誤

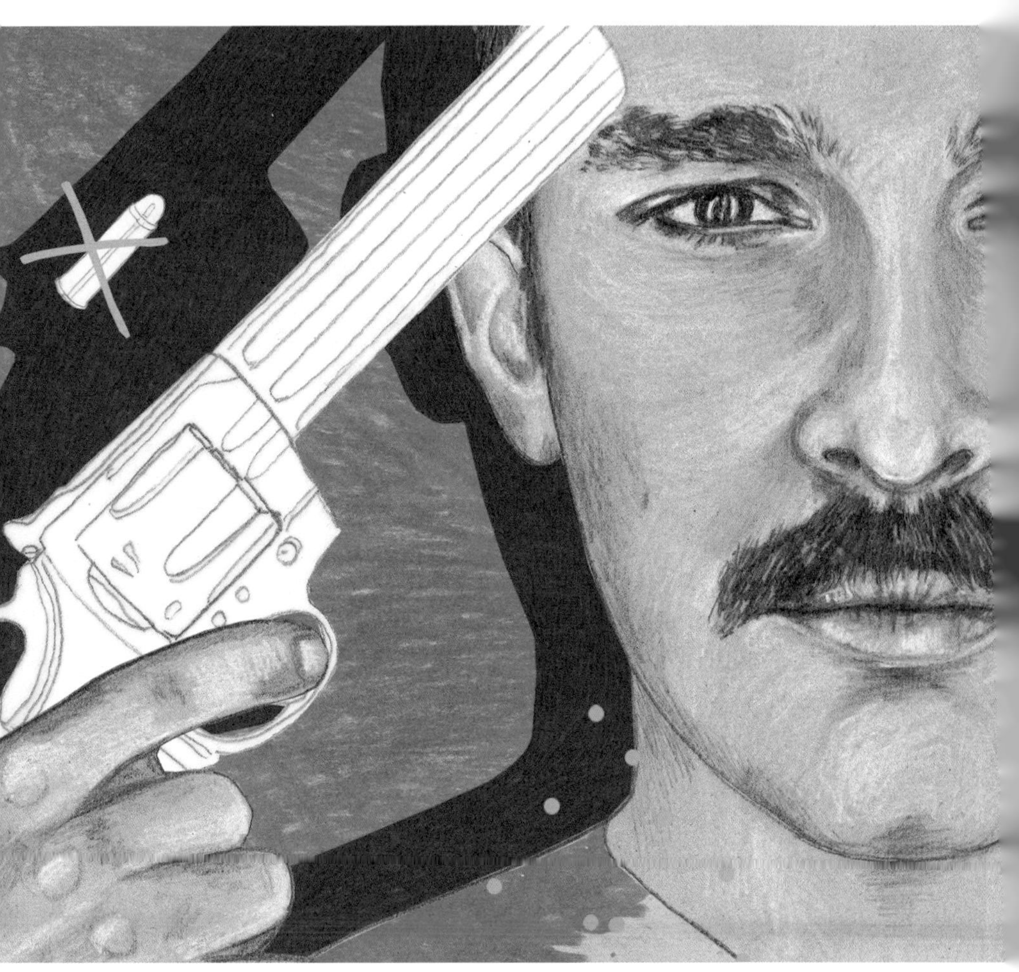

The Zero-Risk Bias

為何你會為了追求零風險，而付出過多資源

讓我們來做個小測驗。假設你身陷一場俄羅斯輪盤生死對決，你的左輪手槍彈匣可以裝填六發子彈，而你要做的是在裝好指定發數的子彈後，將彈匣像幸運輪盤那樣用力地轉。接著你必須把手槍舉起來對準太陽穴，然後扣下扳機。第一個問題：若你曉得彈匣裡裝有四發子彈，你願意出多少錢，換得一個取出其中兩發子彈的機會？第二個問題：若你曉得彈匣裡僅裝有一發子彈，你又願意出多少錢，換得取出這唯一一發子彈的機會？

對大多數的人來說，答案再清楚不過：他們願意在第二種情況中付出更多的代價，藉以換取一個可以將死亡風險降到零的機會。然而，若是純粹從統計的觀點來看，這樣的決定其實沒有意義。在第一種情況裡，你的死亡機率可以降低六分之二；可是在第二種情況裡，你的死亡機率卻只能降低六分之一。耐人尋味的是，這當中似乎有什麼神奇的機制在作用，使我們一面倒地看重「零風險」！

在上一章裡，我們見識到人類拙於明辨不同風險的危險程度。當情勢愈嚴峻或問題愈趨情緒化（例如，輻射災害），降低風險的安撫效果也會跟著打折。有兩位芝加哥大學的學者指出：對於有毒化學物質造成的汙染，不管致命機率高達百分之九十九，還是僅有百分之一，人類同樣感到恐懼。這顯然是種不太理性的反應，但它卻是「正常的」。顯然，

只有零風險可以治好我們莫名的恐懼。我們總像飛蛾撲火那般，為了將微小的殘存風險徹底斬除，多付出了心力與金錢。幾乎所有追求零風險的個案裡，人們原本可以更妥善運用各種寶貴資源，讓別的問題也一併降低風險；但人們卻選擇沒有效率地運用資源，寧願將其投至追求零風險的目標上頭。這種錯誤的決定我們稱為「零風險偏誤」。

美國一九五八年時制定的食品相關法規，便是零風險偏誤的經典適例。這項法規嚴禁在食品中添加致癌的各種成分。乍聽之下，徹底禁絕（零風險）的規定確實令人擊節；不過，萬萬沒料到，如此一來食品中的確少了致癌成分，卻反而多了非致癌但更加危害人體的添加物。這項法規的離譜之處，不僅反應在上述的荒唐結果，更反應在毒物的相關知識上。早在十六世紀，從帕拉塞爾蘇斯（Paracelsus；歐洲中古世紀的醫生兼鍊金術士）那時起，人們便曉得「毒」其實是一種劑量問題。事實上，這項法規最後根本無法實行，因為人們毫無辦法將遭禁的最後一點分子從食品中移除，除非所有農場都像電腦晶片工廠那樣，進行嚴格的控管。可是如此一來，提升純淨度的成本勢必要反應在食品的售價上。嚴重的話，甚至會導致物價上漲數百倍！因此，除非不追求零風險真的導致毀滅性的後果（例如致命病毒從實驗室外洩），不然從整體經濟的角度來看，追求零風險沒什麼意義。

在道路交通方面，只有一種情況或許能夠達到零風險，那就是：當我們把速限全都調降成每小時零公里。較為理性的態度應該是：接受每年平均會有一定的傷亡人數。

假設你是某國元首，你想徹底排除某起恐怖攻擊事件的風險。為此，你必須在每位國民身邊安排一位監視者，藉以監控其一舉一動；相對地，在每位監視者身邊也得再安排另一位監視者，藉以監控這位監視者的一舉一動。就這樣不斷類推下去，到了某一刻，將有百分之九十的國民變成監視者。社會一旦走到這個地步，便再也無法存續了。

那麼，股市呢？有所謂零風險、完全的安全可言嗎？可惜並沒有。就算你出脫手中所有持股，把股票換成現金存到戶頭裡，一樣不可能達到零風險。因為，銀行有可能倒閉，通貨膨脹也會啃蝕掉你的積蓄。要是不幸遇上什麼貨幣改革，甚至可能讓你在一夕之間變得一文不名。千萬別忘了，德國在上個世紀就曾兩度將舊貨幣「砍掉重練」★！

結論：請跟零風險概念說再見。**學著在沒有什麼事是百分百確定的情況下過活**；不管你的積蓄、健康、婚姻、朋友、敵人，甚至國家，沒有什麼是百分百確定的！值得安慰的是，這世上還是有些相對穩定的事物：我們個人的幸福。一些實驗結果顯示，不論是中了百萬樂透，還是發生意外造成下半身癱瘓，都不會長期改變我們抱持的態度。覺得幸福的人，不管發生什麼事，他還是會覺得幸福。相反地，覺得不幸福的人，不管發生什麼事，他終究覺得不幸福。更多相關內容，我們會在「享樂跑步機」一章裡更深入討論。

★二次世界大戰後，德國原本沿用舊時流通的帝國馬克。從一九四八年起，美、英、法及蘇聯這兩大占領陣營，各在其占領區實行幣制改革，分別推出西德馬克與東德馬克。一九九〇年十月三日兩德統一之後，東德馬克停止發行，原西德馬克成為合法流通貨幣，並改稱德國馬克。

28 稀少性謬誤

The Scarcity Fallacy

為何餅乾愈少愈可口

有一回，我到一位女性友人家喝咖啡。那天她的三個小孩都在家，還在地上嬉鬧成一團。我們盡量不去理會小孩的吵雜聲，繼續聊我們的話題。聊著聊著，我忽然想起來口袋裡好像帶了一袋玻璃彈珠，於是我把彈珠拿出來倒在地上，希望能用它吸引這群小壞蛋的注意，讓他們安靜地玩一會兒。然而，這個如意算盤顯然撥錯了，這幾個小鬼不僅沒像我想的那樣安靜玩耍，沒過多久，他們竟互相大打出手！由於事出突然，一時之間我也搞不清楚是怎麼一回事。等我仔細察看了一下，才發現事情原來是這樣：那包我帶來的彈珠裡只有一顆是藍色的，而這群小鬼之所以會發生爭執，全是因為大家都想要那顆藍色彈珠！事實上，這袋彈珠裡的所有彈珠大小都一樣，而且同樣漂亮耀眼，唯獨藍色這顆擁有某種決定性優勢：它是獨一無二的一顆。見到這樣的情形，我不禁暗自竊笑：小孩就是這麼幼稚！時間流轉到二〇〇五年八月，當時我聽說 Google 要推出免費電子信箱服務，卻僅提供給受邀者，這樣的限制讓我對 Google 信箱感到格外渴望，想盡辦法非得弄到一個帳號不可。很「幸運」地，最後我如願以償。為什麼我會如此反常呢？顯然不是因為我需要多一個電子信箱（記得那時我已有四個信箱了），也不是因為 Google 的電子信箱比其他同業提供的免費信箱來得更讚。說穿了，不過就是因為並非人人都能申請得到，如此而已。

現在回想起來，或許我該為這些小孩們平反一下：大人其實也是這麼幼稚！

古羅馬人曾說：「物以稀為貴★！」的確，稀少性可說與人類同壽。上面那位友人是個兼職的房屋仲介。每當她看出某位買家似乎有點動心，一時又無法做出決定，便會找機會打電話給那位買家，跟對方說：「有位倫敦來的醫生昨天也去看了那塊地，他跟我說他很有興趣。不曉得你對那塊地是否也有意思呢？」當然，這位倫敦來的醫生是我朋友捏造的；有時她還會換成教授或銀行業者等。無論如何，這招的確奏效，原本有心購買的買家，容易因此決定買進。為何會如此？答案跟上面的故事差不多，因為買賣標的物有愈趨稀少的傾向。從客觀角度來看，這樣的決定並無道理。有興趣的買家要不就願意以談好的價錢買進看中的土地，要不就不願意買，根本不用管是否有什麼倫敦來的醫生！

史蒂芬・沃切爾（Stephen Worchel）教授曾經做過一項實驗，他將受試者分成兩組，讓他們去評斷同一種餅乾的品質。在第一組裡，他發給受試者一整盒餅乾；在第二組裡，他只發給受試者兩塊餅乾。實驗結果顯示：只拿到兩塊餅乾的這一組對餅乾品質的評價，遠遠高於拿到一整盒餅乾的那一組。這項實驗後來反覆進行多次，每次的結果都相同。

廣告裡經常可以聽到「機會不多，敬請把握」這樣的台詞，一些賣場的促銷海報也常寫上「只剩今天」，藉以強調時間的緊迫性。藝廊業者喜歡在店內多數藝品上貼著代表售出的紅點，意味大部分的藝術品皆已名花有主；業者深知這樣將利於銷售。不會有郵局願意讓我們用古老的郵票支付郵資，也沒有店家會讓我們用塔勒（Taler）、十字幣

（Kreuzer）或赫勒（Heller）等舊貨幣付帳。還有其他一些老骨董，如今也都不堪使用。儘管如此，我們還是會去收集這些東西，不管什麼都好，重點是：它們很稀少！

有個實驗是這樣的：研究人員請一群學生按照他們主觀感受到的吸引力，為十張不同的明信片排名。研究人員承諾這群學生，在幫忙排名後，每個人都可從中選一張自己喜歡的明信片帶走。五分鐘後，有人進來跟學生說，評選成績排名第三名的明信片已經絕版了，他們恐怕得挑別張明信片。接著，研究人員又找了一個藉口，請學生們重新為原本這十張明信片再做一次排名。耐人尋味的是，那張宣告絕版的明信片，這回竟然脫穎而出衝上王座，成為最具吸引力的明信片。學者們稱這種現象為「抗拒」（reactance），意思是說：當我們被剝奪某個選項，我們便會認為如今變得不可能的選項比先前更吸引人，藉此回應選項的喪失。這是一種自我安慰反應，心理學家稱其為「羅密歐與茱麗葉效應」（Romeo and Juliet effect）。莎士比亞筆下這對悲劇青年的愛情之所以如此濃烈，正是因為他們的愛情是遭禁的。然而，禁斷的渴望並不總是充滿浪漫的情懷。美國法律明定二十一歲以下的青少年不准喝酒，因此在高中生的狂歡派對上，學生們喝趴喝掛的情況屢見不鮮。

結論：**我們對稀少性的典型反應就是失去清醒！**因此，請你僅憑價格與效用評斷一件事物，不管它是否很稀少，或有沒有哪位倫敦來的醫生也很想要它，那些都無關緊要。❧

★原文為 Rara sunt cara。

29 忽視基本比率

The Base-Rate Neglect

當你在懷俄明州聽到了馬蹄聲，且看到了黑白條紋……

馬爾庫斯是一個戴眼鏡的瘦子，他很喜歡聽莫札特的音樂。請問下列兩種對於馬爾庫斯的推測，你覺得哪一種比較有可能？（A）馬爾庫斯是一位卡車司機；（B）馬爾庫斯是一位住在法蘭克福的文學教授。大部分人都猜B，但這個答案較有可能是錯的。在德國，卡車司機的人數比起住在法蘭克福的文學教授人數要多出一萬倍有餘。因此，就算馬爾庫斯喜歡聽莫札特似乎跟卡車司機的格調不符，但他是卡車司機的機率其實比較高。這當中發生了什麼事？**精確的描述誤導了我們，讓我們不能冷眼面對統計事實**，學者將這種思考錯誤稱為「忽視基本比率」。基本上，所有記者、經濟專家、政客等，經常都會落入忽視基本比率的錯誤中。

讓我們再來做個小測驗。在一場持刀鬥毆中，有位年輕人傷重不治。請問下列兩種對凶手的推測，哪種比較有可能？（A）這個凶手是一個波士尼亞人（Bosnian），專門走私非法格鬥刀；（B）這個凶手是一個年輕的德國人，屬於中產階級。如今你已曉得上述忽視基本比率的現象，可能會認為B比較有可能，因為德國的中產階級年輕人要比波士尼亞的刀械走私者多得多。

在醫學方面，忽視基本比率扮演著相當重要的角色。例如，偏頭痛這種症狀可能意味著病毒感染，也可能意味著腦瘤。可是由於病毒感染的比率高過腦瘤許多（也就是說，病毒感染有較高的基本比率），因此，遇到了偏頭痛的症狀，醫生總是會先朝病毒感染這方面去想。如此假想確實是理性的，醫學院都會訓練這些未來醫師避免忽視基本比率的錯誤。例如，美國醫學院裡的準醫師們都被灌輸一句話：「當你在懷俄明州聽到了馬蹄聲，而你相信你看到了黑白條紋，那麼，那個東西很可能還是一匹馬。」換句話說，在著手治療某些怪病之前，請先參考一下基本比率。令人遺憾的是，似乎只有醫師這種行業有在進行避免忽視基本比率的相關訓練。

我偶爾會見到一些新興企業提出的雄心勃勃的投資方案，然後在看過那些計畫後，被當中的商品、理念甚至人格所打動。這種情況倒也不罕見，我經常因此興起這樣的念頭：這家公司或許會是下一間 Google 喔！然而，每當我回過頭來參考一下基本比率，馬上又會回歸現實。一家公司能夠撐過前五年的比率，大概只有百分之二十，而一家公司撐過前五年之後，接著扶搖直上發展成一個全球性的集團，又有多少可能呢？幾乎是零！有一回，股神巴菲特解釋他為什麼不投資生技公司：「在這類公司當中，究竟有多少家的年營業額能夠突破百萬美元？幾乎沒有……這類公司最可能的發展腳本，就是停滯在某種吃不飽、餓不死的狀態！」巴菲特顯然對基本率的問題看得很透徹。

假設你現在在一家餐廳用餐，這時餐廳舉辦了一個小遊戲，拿出一瓶標籤被遮住的酒請來賓喝。在來賓品嚐過美酒後，餐廳人員請大家猜猜看，這瓶酒是哪一國出產的呢？倘若你並非品酒的行家，那麼你或許可以借助基本比率。基於過去的經驗，你曉得這家餐廳的菜單上有四分之三的酒來自法國；那麼，就算你感覺這家餐廳有點智利風或加州風，較為理性的答案還是法國。

我時常有幸為一些企管系學生演講。當我問起這些年輕學子未來的事業目標時，大多數學生都會滿懷雄心壯志地回答我：他們希望在中長期裡成為跨國企業的董事。當我還在求學時，我也曾跟他們一樣天真，懷抱著同樣的夢想。可是在畢業之後，我發現事情完全不是那麼一回事；實際上，並沒有那麼幸運可以心想事成。於是，我覺得我有責任為他們惡補一下基本比率的問題。我對這群學生說：「帶著這間學校的文憑爬上跨國集團董事之位的機率，大概比百分之一還要低！不管你們多聰明或是多努力，將來最可能的人生劇本就是：停在一個中階主管的位子上。」聽了我這番潑冷水的逆耳忠言後，學生們目瞪口呆地看著我，而我當下也決定，該好好寫一些如何緩解中年危機的文章，留給這些年輕學子們在未來做個參考。

30 賭徒謬誤

The Gambler's Fallacy

為何沒有一種平衡命運的力量

一九一三年夏天，蒙地卡羅（Monte Carlo）發生了一件不可思議的奇事。當地一家賭場的輪盤賭桌旁擠滿了賭客，他們之所以會擠到這裡來，是因為這裡發生了令人難以置信的事：這個輪盤賭桌竟然連續開出二十次黑色！許多賭客在聽聞如此罕見的情況後，紛紛蜂擁而至；他們認為機不可失，統統往紅色下了重注，想藉此海撈一筆。未料天不從人願，輪盤上的小球就像長了眼睛似的，繼續往黑色的格子裡鑽。如此一來，又吸引了更多賭性堅強的賭客過來參一腳。大伙心想，反正有賭未必輸，既然黑色都已經開了這麼多次，怎麼樣也該來個紅色了吧！奈何人算畢竟不如天算，黑色竟然繼續一次次地開個不停。直到第二十七次，或許是小球覺得已經把賭客捉弄夠了，這才甘願落到紅色的格子，總算讓這場離奇事件畫下了休止符。然而，到得這個時候，整個賭場裡早已哀鴻遍野，口袋深的或許損失幾百萬，口袋淺的可能早就傾家蕩產了。

假設在某座城市，所有學生的平均智商為一百。現在你為了進行一項研究，隨機抽出其中五十位學生來做測驗。倘若你測試的第一位學生智商高達一百五十，請問你隨機抽出的這五十位學生平均智商大概會是多少？被我問了這個問題後，大部分的人都猜測是一百；他們多半認為這位先受測的超聰明學生，其智商會被後受測的超笨學生給平均掉，例如出現一位智商只有五十的學生，或是兩位智商為七十五的學生。然而，在一個這麼小的取樣裡，要出現像大多數人所設想的那種情況，其機率實在是微乎眇哉！在這種情況下，我們必須設想其餘四十九位學生的平均智商會符合所有學生的平均智商；也就是說，他們的平均智商為一百。接著，我們用一百去乘以四十九位學生，再將它們的乘積加上一百五十，最後將總和給平均起來，便得出這五十位學生的平均智商為一百零一。

蒙地卡羅及學生抽樣這兩個例子都指出了：**人類相信冥冥之中存在著某種可以平衡命運的力量**；這裡我們談到的就是「賭徒謬誤」。事實上，在各自獨立的事件中，並沒有一種平衡的力量；一顆球不可能長記性，記住自己到底已經落入黑色格子裡幾次。我有一個朋友很瘋樂透，為此還大費周章地做了一個樂透開獎號碼的表格。根據這個表格，他先找出中獎號碼裡最冷門的幾個號碼，再用那些冷門號碼的組合下去簽。然而這麼做的結果，無非只是一再地「槓龜」而已！典型的賭徒謬誤！

接下來的這則笑話，絕妙地為我們開示了何謂賭徒謬誤。有位數學家每次搭飛機總愛攜帶一卡裝有一枚炸彈的皮箱，有人便好奇問他這是為何，他則回答道：「嘿嘿！飛機上出現『一枚』炸彈的機率已經很低，但同時出現『兩枚』炸彈的機率，則幾乎是零！」

假設有人連續拋擲一枚硬幣三次，而三次的結果都是人頭。倘若這時有人強迫你拿出一千歐元投注下一輪的拋擲結果，請問你會壓人頭還是數字？如果你與大多數人的思路相同，雖然這回出現人頭與數字的機率是相等的，你還是會選擇數字。這是常見的賭徒謬誤。

讓我們稍微更動一下問題的內容。假設有人連續拋擲一枚硬幣五十次，而五十次的結果都是人頭。倘若這時有人強迫你拿出一千歐元投注下一輪的拋擲結果，你會壓人頭還是數字？聰明如你一定會暗自竊笑，閱讀本章到了這個地方，你早已明瞭不能僅憑前面一直出現人頭，就認為接下來出現數字的機會大大提高。然而，這是職業數學家所犯的典型「專業曲解」（déformation professionnelle）。倘若你的心智正常，很明顯地，這時候你該下重注的是人頭，因為你絕對有必要假設這枚硬幣被動了手腳！

在先前某個章節裡，我們曾討論過均值迴歸的問題。比方說，假設你現在居住的地方出現了破紀錄低溫，那麼在接下來幾天中，氣溫便有很高的機率回升。如果天氣也像賭局一樣，那麼氣溫將有百分之五十的機率下降，同樣也有百分之五十的機率回升。然而，天氣畢竟與賭局不同，複雜的反饋機制會讓極端值回歸平均。不過，倒也並非全然如此。在某些特殊的情況裡，極端狀態有時不僅不會回歸平均，反而還會愈演愈烈，例如富者愈富，貧者愈貧。此外，當一檔股票創下新高，它便會順勢引發某種程度的買氣。原因無他，純粹只是因為這檔股票在這個時候表現夠突出，這是平衡效應的某種顛倒。

結論：**請仔細看清楚你所面對的情況，究竟是獨立事件還是非獨立事件？**基本上，獨立事件只存在於賭場、樂透以及理論教科書中。在現實人生裡，各種事件多半相互關聯；那些已經發生的事，多少會對未來將要發生的事有所影響。因此，除了在均值迴歸的情況以外，請你別去幻想會有某種神祕的力量來平衡命運！

31 錨定

The Anchor

Rom：羅馬
Bibel：聖經

數字輪盤如何把我們搞得暈頭轉向

請問馬丁・路德（Martin Luther）在西元哪一年出生？假如你不曉得答案，而你的智慧型手機也剛好沒電，你該怎麼找出解答？也許你曉得馬丁・路德的一件大事：一五一七年，路德將他著名的《九十五條論綱》（*The Ninety-Five Theses*）釘在維騰貝格（Wittenberg）一間教堂的大門上。從這個事件出發，我們可以大致推論：路德當時的年紀一定不會太老，才會有這種初生之犢不畏虎的舉動。另一方面，他當時的年紀也一定不會太小，才能夠發出如此振聾發聵的呼聲。有了這樣的基本線索，我們可以再想想看，路德後來又發生了什麼事？發表《九十五條論綱》後，路德惹惱了羅馬教廷；他不僅被教廷傳召，更被斥為異端，最後還遭逐出教會。後來路德將《聖經》譯成德文，並捲入政治風暴裡。從上面種種線索看來，路德應在一五一七年後又活了一段不算短的時間才是。綜合所有線索，若取一個折衷的歲數，那麼，一五一七年時路德應該是三十歲左右。以這個歲數往前推三十年，可以得出路德應在一四八七年左右出生。這個答案顯然不會太離譜，因為路德的正確出生年分為一四八三年。你是否也跟我們一樣，先找出一個「錨定」的點，比如一五一七年，再從此點出發，一步步將答案推敲出來呢？

不論是萊茵河的長度、俄國的人口密度，還是法國核能電廠的數量，每當我們要估測某種事物，總會用到錨定。**我們會拿一些熟知的事物當出發點，借助此點推估出未知的事物**。要不然，還能怎麼估測呢？運用天外飛來一筆的靈感嗎？

不過，當我們偶爾遇上無所憑藉的情況，仍然會愚蠢地使出錨定這招。有位教授在講桌上擺了一瓶不知名的酒。他請在場的人拿出紙筆，將自己身分證字號的末兩碼寫在紙上，然後請他們考慮一下，是否願意用寫下的數字當作價格買下那瓶酒。準備就緒後，講堂裡便展開一場拍賣活動。結果出爐，出價最高與最低者，價錢差了一倍有餘。這個例子裡，身分證字號被當作錨定的點；可惜這種運用方式不僅沒用，還造成了誤導。

以色列心理學家特沃斯基（Amos Tversky）★曾做過一個相當有趣的實驗。他在實驗處所設置一個數字輪盤；實驗開始時，他先請受試者轉動一下輪盤。等輪盤停在某個數字後，他便問受試者：聯合國總共有多少個會員國？耐人尋味的是，與那些轉動輪盤得出較小數字的受試者相比，得出較大數字的受試者所猜測的會員國數目，往往也會跟著較高。

此外，羅素（J. E. Russo）與舒馬克（P. J. H. Shoemaker）這兩位學者，也曾進行過另一項實驗。他們問受試學生：匈奴王阿提拉（Attila）是在西元哪一年於歐洲遭遇了毀滅性的慘敗呢？類似上述利用受試者的身分證字號做錨定，這項實驗改用受試者的電話號碼。實驗結果同樣顯示出電話號碼數字較大的學生會猜較高的年分，反之亦然（如果你對本題有興趣的話，它的正確答案是：西元四五一年）。

讓我們再來看看另一項實驗。一群學生與一群房地產專家受邀參觀一棟房屋；結束參觀後，研究人員請所有受邀者猜測一下這棟房屋的現值。不過，在參觀者估價之前，研究人員特意給了他們一份隨便亂編的價目表。不出所料，這些對房地產並不在行的學生們，果然深受錨定的影響；參考價目表訂得愈高，他們便會跟著把房價估得愈貴。那麼，那些房地產行家總該不會受到這些價目表干擾了吧？很遺憾，他們跟那些學生一樣，同樣被研究人員任意設計的錨定所擺布！我們可以這麼說：**標的物（例如房地產、公司、藝術品等）的價值愈無法確定，我們就愈沒有能力抵抗錨定，即便行家也是一樣。**

錨定的現象多不勝數，所有人幾乎都受困其中。一些研究指出：老師若曉得某位學生以前的成績，以後他為這位學生打分數時，便難免受到學生以前的成績影響。也就是說，過去的成績在老師身上發揮了某種錨定效應。此外，許多商品都會貼上原價標籤，就是為了在消費者身上發揮錨定效果。行銷專家都深知，在他們報價之前，必須先將錨定設好。

年輕時我曾在一家顧問公司上班，而我的前老闆就是一個操作錨定的高手。在初次跟客戶碰面時，他就會設下錨定的圈套，這當中的利潤有時甚至高到令我感覺有犯罪之嫌。例如有一回，我的老闆跟對方說：「親愛的顧客，你還是接受這個報價，這樣你才不會感到遺憾。老實跟你說，我們替你的一個競爭對手設計了一套類似的計畫，報價就在五百萬歐元左右。」錨定的圈套就這樣設下了，而議價便從五百萬歐元開始起跳！

★一九三七—一九九六，認知科學領域先驅，發展出「展望理論」，對人類認知偏差及風險處理提出可信的闡釋。

32 歸納法

The Induction

你要如何把別人的一百萬弄到自己的口袋裡

有一隻鵝受人餵養。剛開始時，這隻害羞的動物有些猶豫，心裡想著：「為什麼這些人要拿食物來餵我？這背後肯定有鬼。」接下來的一星期，農夫還是每天過來，按時將穀物撒在這隻鵝的腳邊，牠的疑慮也漸漸消除了。幾個月過後，牠的內心變得相當篤定，心想：「這些人確實是真心善待我。」這可是牠經過一點一滴、日積月累的觀察後所得出的確信。然而，當聖誕節這天到來時，已經取得了鵝的完全信任的農夫，竟然突如其來地將這隻鵝從籠子裡抓了出來，跟著就把牠宰殺了！這隻聖誕鵝正是「歸納法」的受害者，而早在十八世紀，哲學家休謨就曾藉著這個鵝的比喻，告誡世人歸納法的危險。然而，不僅鵝無力抗拒歸納法的陷阱，就連我們人也一樣。**我們總是傾向從個別的觀察推得普遍有效的確信，可是這麼做顯然是危險的。**

某位股民像試水溫一般小小地買進了一檔股票。之後，這檔股票竟然像坐火箭那樣一飛沖天。剛開始時這位股民還有些疑慮，心想：「這肯定只是有人在短線炒作而已。」可是，當這檔股票連續幾個月一去不回頭地漲個不停，情況就改變了。這位股民開始堅定自己的猜想：「這檔股票肯定會強者恆強，完全不會有下跌的疑慮。」接下來的日子裡，這檔股票每天的表現果然一如往昔亮麗；如此一來，更加深了他的信念。半年過後，他終於下定決心，要將畢生積蓄統統壓到這檔股票上。從這時起，他便落入了某種「相關性風險」（correlation risk）裡。他成了歸納法的另一名受害者；不知在何時，他將會為此付出慘重的代價！

不過，水能載舟，亦能覆舟。若我們稍微用點巧思，事實上，歸納法還是可以為我們驅策。在此，我就不客氣地野人獻曝一番，為各位獻上一個可以從別人身上賺錢的小點子。你可以先發出十萬份股市分析的電子郵件；在這十萬份電子郵件中，你在半數的信件裡附上看壞下個月股市行情的報告。相反地，在剩下的另一半裡，你則附上看好下個月股市行情的報告。假設過了一個月後，股市指數向下修正，這時請你先挑出上回收到你準確預測報告的族群；換句話說，就是收到看壞股市行情報告的那五萬人。接著，你針對這群人故技重施，將他們平分成兩組。在對第一組人所發的電子郵件裡，你附上看壞下個月股市行情的報告；反之，在對第二組人所發的電子郵件裡，附上看好下個月股市行情的報告。接下去的每個月就以此類推，反覆為之。過了十個月後，從頭到尾都收到你的準確預測報告的人，就只剩下一百位。這時，在這一百個人的心目當中，你簡直就是「真神人也」！你向他們證明了你擁有準確預知未來的特異功能，一些忠實粉絲甚至會毫不猶豫地獻上他們的財產，請你代為打理。有了這些冤大頭的自動捐獻，你就可以捲款潛逃，溜到巴西去逍遙快活了！

我們不僅可以這樣讓別人受騙上當，我們有時也會自己騙自己！比方說，那些鮮少生病的人便會以為，自己沒有那麼容易死。而創下連續幾個季度獲利成長的執行長，則會以為自己不會犯錯；就連他的同事還有股東，也都會如此認為。

我有個朋友是定點跳傘（BASE jumping）的行家，他曾經從世界各地許多懸崖、無線電塔及高樓大廈一躍而下，直到接近臨界高度的最後一刻，才拉開他的降落傘。有一回，我與他談及這項運動的危險性，他回答我說：「我已經跳了不下一千次。你看，我現在還不是活得好好的！」然而，就在我們這次對話過後兩個月，他卻不幸撒手人寰。據說，他是喪命在南非某個特別危險的懸崖。**一個反例就足以推翻一個經過上千次證明的理論！**

儘管歸納法有時會招致毀滅性後果，無奈的是，我們卻又不能沒有它。搭飛機時，我們相信空氣力學的法則到了明天依然有效。走在街上時，我們相信自己不會無來由地遭人痛毆一頓。我們甚至相信到了明天，心臟還會持續跳個不停。若是沒有這些確信，我們或許再也活不下去！我們確實需要歸納法，可是我們不能忘記，所有的確信終歸只是暫時的。富蘭克林不是曾說：「除了死亡與納稅以外，沒有什麼事是確定的！」

歸納法有時會嚴重地誤導我們，例如：「在過去，人類都一路挺了過來，因此，我們也能夠克服未來的各種挑戰！」這句話聽起來是很棒；不過，藏在背後、我們未曾想到的事實是：只有到現在還倖存的物種，才能夠說出這樣的話。拿「我們現在還存活著」這項事實，去推演出「未來我們還是能夠繼續存活」這個結論，顯然是一種很嚴重的思考錯誤，或許還是最嚴重的！

33 損失規避

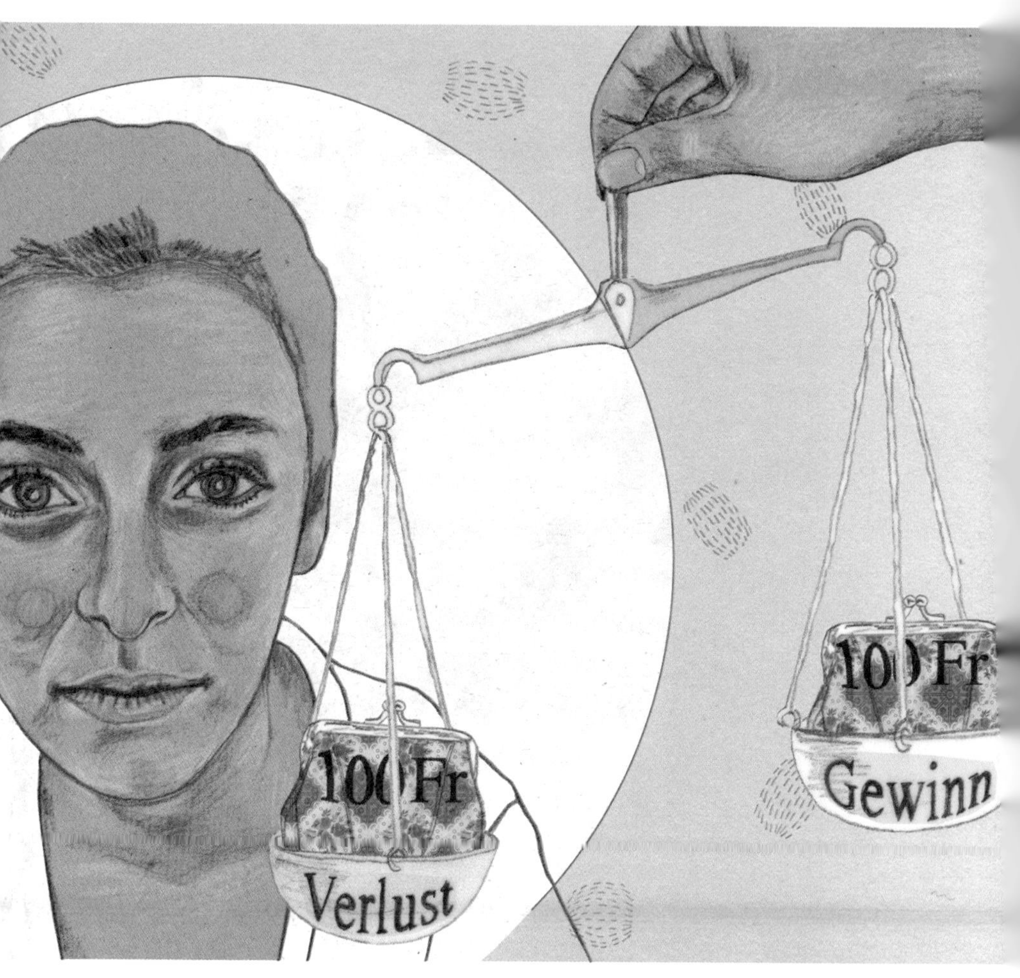

The Loss Aversion

Verlust：損失
Gewinn：獲利
Fr：瑞士法郎

為什麼凶惡的臉孔比友善的臉孔更容易吸引我們的目光

如果將等級由低至高分成一到十，請先想想看，你今天的心情大概處在什麼等級？請你再回答兩個問題。第一：什麼樣的事物可以讓你的幸福指數衝上等級十？也許是你夢想已久、位在法國蔚藍海岸的一棟度假小屋；又或許是在人生階梯上再晉一級。第二：發生什麼樣的事會至少在同樣程度上降低你的幸福指數？例如下半身癱瘓、罹患阿茲海默症（癌症或憂鬱症等）、爆發戰爭、發生饑荒、遭受嚴刑拷打、破產、名譽掃地、痛失最好的朋友、自己的小孩被人綁架，還是失明、喪生呢？從以上兩個問題的答案中，你可以確定一件事：負面的多過正面的。換句話說，壞事多過好事！在人類過去的演化過程裡，這種狀態不斷地在我們身上強化。不小心犯下某個愚蠢的錯誤，便可能讓人因此不幸喪生，例如在狩獵時不夠專注、肌腱發炎、被所屬的族群放逐等等。形形色色的各種可能性之一，或許就會導致人生的遊戲提前 GAME OVER！在還未將基因傳給下一代之前，許多人便因為他們的冒險犯難或粗心大意而不幸身亡。相對地，基因得以延續下去的多半是那些小心翼翼的人，而我們正是這些人的後代。

也難怪我們會把損失看得比獲利還重。要是你遺失了一百歐元，你所感受到的痛苦，絕對會大過我送你一百歐元所感受到的快樂。經驗證明：**在獲利與損失規模相同的情況下**

（比方說，得到一百歐元與失去一百歐元），損失所造成的情緒反應，是獲利的兩倍！學者們稱這種現象為「損失規避」。

因此，如果你想要說服某人，最好不要從可能的獲利切入，反而應該從如何避免可能的損失著手。我們不妨參考一下預防女性乳癌的宣導廣告。為了宣導乳癌預防，某個醫療單位發送了兩種不同的傳單。傳單A上頭寫著：「請每年定期做乳癌檢查；及早發現，及早治療！」傳單B上頭則寫著：「倘若未有每年定期進行乳癌篩檢，你將錯失及早發現、及早治療的寶貴時機！」每張傳單上都印有詳情諮詢專線。根據事後統計，看了傳單B而打電話來尋求諮詢的案例明顯較多。

在同值的前提下，害怕損失的念頭比期待獲利的念頭更能夠驅策人們。假設你是一位隔熱建材製造商，若有客人上門想要為他的房子進行隔熱工程，你千萬別對他說好的隔熱工程可以幫他省下多少錢，最好對他說不好的隔熱工程可能會讓他損失多少錢，儘管這位客人最後要付的總額是一樣的。

股市裡也在玩著同樣的把戲。投資人多半都有不願認賠的傾向，他們寧願緊抱著套牢的股票，期待有朝一日能夠鹹魚翻身。對於這些認為有賭未必輸的股民來說，只要不認賠殺出，就不算是「真的」賠。於是，就算止跌翻揚的可能性小，一蹶不振的可能性大，他們還是會抵死不賣！我認識一位大富豪，初次見面時他正在氣頭上。我問明他生氣的原因，原來是見面之前他丟了一張一百歐元的鈔票。這可真是情緒方面的一種無謂浪費！為了讓他轉移注意力，別再這麼悶悶不樂，我提醒了他一個事實：他的投資組合每秒鐘所關乎的，都不只一百歐元了。

員工（當他們得要獨立負責，而且無法躲在團體裡做成決定）往往具有害怕冒險的傾向。但如果從他們的觀點來看，這種害怕的確是有意義的。要是他們做得好，頂多多分一點紅；然而萬一搞砸了，他們可是會連飯碗都不保。既然如此，又何必要去冒險呢？在所有公司及所有個案中，保住飯碗的考量總是壓過可能的紅利。倘若你是一位主管，而過去你一直在抱怨員工缺乏冒險犯難、積極進取的精神，那麼你現在應該能夠了解到底是怎麼一回事了吧！這一切不就是因為損失規避的緣故嗎？

壞事對我們的影響總是強過好事，這是我們無法改變的情況。我們對負面的事物總是比對正面的事物更為敏感。在街頭上，一張凶惡的臉孔比一張友善的臉孔更容易吸引我們的目光。比起良善的行為，惡劣的行為更加難以從我們的記憶中抹去。只有一種情況例外：做壞事的是我們自己！

34 社會性懈怠

Social Loafing

為何團隊會讓人偷懶

一九一三年，法國農業工程師林格爾曼（Maximilian Ringelmann）對馬匹的拉車能力進行了一些測試。他發現到：如果讓兩匹馬同時去拉一輛馬車，這兩匹馬所出力量的總和，並不會等於只用一匹馬去拉車時，該匹馬所出力量的兩倍。這項發現讓林格爾曼感到相當有意思，於是他把同樣的實驗套用在人類身上。他找了許多人一起進行實驗。首先，他讓每個人單獨拉扯一條粗繩，並分別計算一人拉繩的情況下，每個人究竟出了多少力。接著，他讓兩人一組共同去拉扯粗繩，同樣也分別算出兩人拉繩的情況下，每個人各出多少力。實驗結果顯示：在兩人拉繩的情況下，每人所出的力大約只有一人拉繩時所出力道的百分之九十三。在三人共同拉繩的情況下，每人所出的力則降至百分之八十五。當拉繩人數增加到八人時，每人所出的力只剩下百分之四十九。

事實上，除了心理學家外，這樣的結果不會有人感到意外！學者稱這樣的效應為「社會性懈怠」。**只要個人可以藉團體混水摸魚，並且不會被直接看穿，這種效應就會浮現。**例如，在龍舟競賽裡會產生社會性懈怠的效應。相反地，在接力賽跑中就不會出現，因為這時每位跑者的貢獻完全攤在陽光下。事實上，社會性懈怠是一種理性的行為模式；試想，若是只花一半力氣就可以，而且不會引人側目，那麼何必要拚老命地用盡全力呢？簡單來說，社會性懈怠就是一種共業式詐欺，只不過造成共業的大多數人都是無心的。這場詐欺就在集體無意識中悄悄地進行，就跟那些一同拉車的馬兒一樣。

當很多人一起拉一條繩子時，每個人都偷懶地少出一點力，這點並不令人意外。令人感到意外的是，**竟然沒有人會完全不出力**！為什麼不會發生這種偷懶到底的情況呢？理由很簡單：完全沒績效容易引起他人注意，如此一來，很可能就要承擔被團體驅逐或名譽掃地的後果。人類似乎發展出一套敏銳的感應系統，它會幫助我們摸魚而又不至被舉發。

社會性懈怠不僅發生在勞力方面，在勞心方面也同樣有這種情況，最常見的例子莫過於開會。團體愈大，個人的參與程度就會跟著變得愈微小。耐人尋味的是，雖然個人參與度會隨著團體規模而下滑，可是不管團體有多大，究竟是二十人還是一百人都無所謂，一旦每個人的偷懶程度到達某個臨界點，大家就會不約而同地知所進退，有所收斂。

走筆至此，相信各位讀者大人們應該已經對社會性懈怠有了一定的認識才對。我不禁想起一個不知出自何處、多年來卻一再被宣揚的主張：團體作戰優於單打獨鬥。這樣的理念似乎源自日本。三十多年前，全球市場上到處充斥著日本的商品；日人創造出的工業奇蹟，吸引了全球各地企業經營者的關注。他們從日本人身上看到了如何以團隊合作的方式組織起工廠。許多外國企業開始爭相仿效，最終卻是成敗互見！這套方法在日本行得通（我認為社會性懈怠效應在日本並不嚴重），但在歐美那些國情與日本迥然不同的地方，卻未必行得通。此外，根據截至目前為止的一些研究顯示：由專業背景盡可能各不相同的成員所組成的工作團體，會是較佳的工作團隊。這樣的研究結果確實不無道理。在這樣的工作團隊裡，個別的績效都可以冤有頭、債有主地回溯到某位專責的成員。如此一來，便可以有效地去除容許混水摸魚的模糊空間。

社會性懈怠有時也會造成一些令人玩味的結果。在團體裡，我們不但可以偷懶，還可以藉此規避責任。沒有人會願意把壞結果的過錯攬在自己身上，對納粹黨人進行的紐倫堡大審（Nürnberger Prozesse）便是一個顯著的例證。至於話題性沒那麼強的適例，還有公司的監事會或是行政團隊等。在這些例證中，人們為了逃避責任，會想盡辦法躲到集體決策的保護傘裡。學者們將這種情況稱為「責任分散」（diffusion of responsbility）。

然而，有了責任分散的支持，團體會比個人更敢於冒險犯難，這種效應稱為「風險轉移」（risky shift）。一些研究證實，與一人自行決定相比，集體討論後通過風險較高的決議相對容易許多。顯而易見，在集體決策的情況中，團體成員們會自忖：「萬一失敗了，責任也不用我一個人扛。」不過，對於大型企業或退休基金的決策團隊而言，風險轉移有著不容忽視的危險，它們動輒影響到數十億歐元的存亡。此外，軍隊同樣要小心風險轉移；如果軍方的決策團隊裡都是一些鷹派，核子大戰恐怕就離我們不遠了。

結論：**處在一個人的狀態下，跟處在一群人的狀態下，人類的行為模式會迴然不同；**否則就不會有團體了。若欲掃除團體具有的缺點，我們要盡可能地讓每個人的績效都浮上檯面。精英階層萬歲！知識精英萬歲！

35 指數增長

The Exponential Growth

為什麼一張對摺的紙會超乎我們的想像

讓我們拿出一張紙，將它對摺一次，再對摺一次，然後再對摺、再對摺，一直對摺下去。連續摺了五十次之後，請問現在這張紙疊起來的厚度是多少？在你繼續往下閱讀之前，請先寫下上述問題的答案。

第二個問題：以下有兩個選項，你覺得哪個對你比較有利？（A）在接下來的三十天中，我每天給你一千歐元；（B）在接下來的三十天中，我在第一天給你一歐分，第二天給你兩歐分，第三天給你四歐分，第四天則給你八歐分，以此類推，一直送到第三十天。請你不要考慮太久，盡快地做決定，選A還是選B？

好了嗎？就讓我們來討論一下上述兩個問題的解答。關於第一個問題，假設這張紙原本只有絲米（decimillimeter）厚，連續對摺了五十次，它已經變得有一億公里厚！這樣的厚度大概是地球到太陽的距離。如果使用計算機，你很容易就可以算出這題的答案。關於第二個問題，選項A雖然聽起來很吸引人，可是對你較有利的答案卻是選項B。如果你選A，三十天後可以有三萬歐元入袋；如果你選B，最後你可以得到超過一千萬歐元！

我們可以直觀地理解線性增長，但對於「指數增長」（有時稱「幾何增長」〔geometric growth〕**）卻沒什麼感覺。**為何會這樣？因為人類過去的演化並沒有在幾何增長的相關能力上有所發展，我們祖先擁有的各種經驗幾乎全是線性形態：花兩倍時間外出採集，便可帶回兩倍的漿果。一次迫使兩隻長毛象掉下懸崖，就可多吃上一倍時間。石器時代裡，人類幾乎遇不上什麼與指數增長有關的事。時至今日，情況早已改觀。

某位政治人物說：「交通事故的數量每年增長百分之七。」如果我們誠實一點，便得乖乖承認，以直觀方式我們真的不曉得他在說什麼。因此我們不妨換個方式，使出計算倍增時間的妙招。你可以用增長率的百分比去除七十，以上面例子來說，就用七除七十，得出十。也就是說，我們可以把上面那位仁兄的話翻譯成：「如果交通事故每年固定增長百分之七，十年過後，事故數量將比目前多上一倍。」這種說法聽起來比較有感覺了吧？

讓我們再拿別的例子來練習。當你聽到有人說：「物價漲了五％！」你或許會想說：「才五％算什麼，又沒有多嚴重！」且讓我們用計算倍增時間的妙招，五除七十等於十四，翻譯成我們看得懂的句子，就是說：「現在的一塊錢放了十四年以後，就只剩下五角的價值了！」這對所有存款戶而言，恐怕是一件相當駭人聽聞的事。

假設你是記者，剛好取得一項統計資料。根據資料顯示，你居住的城市裡，登記有案的犬隻數量約以每年百分之十的速度持續成長。掌握了這項資料，你會如何為你的報導下標題呢？別直接寫上「養狗許可每年增加百分之十」，這樣不僅報紙賣不出去，你的前途也堪慮。最好將標題寫成：「狗狗大軍來襲！七年之內犬隻數量將暴增一倍！」

然而，呈幾何成長的事物，並不會無休無止地永遠長不停，不過大多數政治人物、經濟專家與記者往往會忘了這一點。每項指數增長一定會在某個時刻走到它的臨界點，這我可以跟大家掛保證！大腸桿菌每二十分鐘就會分裂一次，如果按照這樣的速度，幾天之內整個地球都將布滿此類菌種。然而，增生新的大腸桿菌時，需要更多的氧和醣。在這樣的條件下，這個族群若是無法取得更多氧和醣的資源，便會很快地抑制住自己的增長。

事實上，古代的波斯人早就看出人類大腦拙於應付指數增長這項事實。他們甚至流傳一則相關的童話：從前從前，有一位十分聰明的大臣。一回，這位大臣將一個珍貴的棋盤獻給他的國王。國王為了感謝他，便對這位大臣說：「告訴我，我該怎麼做才能向你表達我的謝意？」這位聰明的大臣便回答說：「尊貴的主上，我不想要別的，只希望你能用米填滿這個棋盤，在第一個格子裡放上一粒米，接下來的每個格子，則陸續放上比前一個格子多一倍的米。也就是說，在第二格裡放上兩粒米，在第三格裡放上四粒米，以此類推，直到棋盤上的格子都被填滿為止。」這位國王聽了大臣的請求後，感到有些訝異，於是開口對這位大臣說：「愛卿，你真是個老實人啊，竟然只有這麼一點小小的要求！」到底這位大臣所要求的米有多少呢？糊塗的國王天真地以為一小袋米就可以了事，然而事實上，就算他舉全國的地力，恐怕也種不出足夠的米，還給這位聰明的大臣。

結論：**當你遇到與成長率有關的事物，請不要相信你的直覺**。你根本沒有這種能力，接受這個殘酷的事實吧。在這種尷尬的時刻，最能確實幫到你的，莫過於電子計算機。倘若你遇上的是小規模的成長率，那麼，使出計算倍增時間的妙招，也是個不錯的選擇。

36 贏者詛咒

The Winner's Curse

你願意為一歐元出多少錢？

讓我們將時空倒回至一九五〇年代的德州。當時那裡有塊地要拍賣，十家石油公司躍躍欲試。這十家公司都去察看過，並各自盤算了那塊地的石油藏量。估價最低的認為它大概只值一千萬美元，估價最高的則認為它少說也值一億。正式開賣後，隨著出價愈來愈高，退出戰局的公司也愈來愈多。最終，一家公司以最高的出價得標，它是碩果僅存的一家，也是這場比賽的贏家。如此歡欣的時刻，當然少不了此起彼落的香檳慶祝之聲。

「贏者詛咒」的意思就是說：**一場拍賣會裡的贏家，事實上往往是真正的輸家！**工業分析專家經研究確認，某些公司曾是油田拍賣會裡眾所周知的常勝軍，但它們總是固定地出價過高，導致幾年之後因而倒閉。這種結果其實是可以理解的。試想，各家公司所估的價格高低，從一千萬美元到一億美元不等，而標的物的實際價值很可能就落在這個區間的某處。因此，在拍賣會裡出價最高的人，除非他掌握到了什麼內幕或內線消息，否則自然容易流於出價過高。然而，當時在德州這場拍賣會上得標的公司，並沒有掌握到什麼內線消息。事實上，這家石油公司的經理是在苦中作樂地慶祝一場慘勝。

類似那些油田拍賣的「修羅場」如今安在？到處都是。從 eBay、Groupon 到 Google 的 AdWords，這些網站無不以拍賣方式確定售價。一場又一場的無線電頻道競標爭奪戰，也讓許多電信公司吃到差點倒閉的苦頭。世界各地的機場也常以競標方式出租店面。還有，當阿爾迪超市（Aldi；德國最大食品連鎖零售企業）打算讓一種新的洗衣粉在其店面上架，超市會請五家供應商出價。這麼做無非是要利用拍賣方式，誘使那些廠商鷸蚌相爭，好讓超市從中獲取最優厚條件。上述所有情況中，都潛藏著贏者詛咒的危險。

在網際網路的推波助瀾下，工匠們也無法倖免於「日常生活的拍賣化」。前些時候，我的房子需要重新粉刷，但我並沒有就近找盧塞恩（Luzern；作者現居地）當地的油漆師父，反而將這份工作公告上網，讓各地有意承包的油漆師父們一同來競標。不久之後，這份工作就吸引了來自瑞士與德國三十多位油漆師父。不過，我最後倒是沒有選擇出價最低的那一位，因為，要我看著這位師父落入贏者詛咒，實在有點於心不忍。

股票上市也可算是另一種形式的拍賣；在上市過程中，經常會發生溢價的情形。此外，公司買下別的公司，也就是併購，更容易讓贏者詛咒風險倍增。超過半數的公司併購案都是在減損母公司的價值；他們的併購動作不代表別的，只代表著把錢給丟進水裡！

為什麼我們會淪為贏者詛咒的受害者呢？其中一項原因在於**標的物的實際價值並不確定**。競逐的各方人馬愈多，愈有可能出現超出合理價格的出價。另一項原因在於**我們想在競爭中勝出**。一位朋友經營一家微型天線工廠，一回他跟我說，為了角逐 iPhone 手機零組件供應商的位子，他的工廠差點倒閉。每家廠商都想成為蘋果欽點的供應商，進而分食 iPhone 的大餅；可是吃到蘋果的每家廠商，到頭來肯定會損失一大筆錢。

你願意為一百歐元出多少錢呢？讓我們來玩個小遊戲。假設你與另一位競爭對手受邀出席一場「對決式」拍賣會。這場拍賣會的規則如下：出價最高的一方，可以得到一張一百歐元鈔票；不過，競爭雙方都得支付自己最後一次開出的價錢（比方你最後以五十歐元得標，對方不幸以四十九歐元落敗，這時你必須支付五十歐元，對方則必須支付四十九歐元）。了解規則後，請問你準備開價多少？就你看來，出個二十、三十，甚至四十歐元去換回一張一百歐元的鈔票，怎樣都划得來。同樣地，你的競爭對手也會這麼認為，即便出到了九十九歐元，也還是有賺頭。然而，這時你的對手竟然喊出一百歐元！此舉已讓你們雙方的獲利空間壓縮到了零。不過，要是你仔細想想，更嚴重的其實還在後頭。你的競爭對手如果以一百歐元得標，那麼他在付了一百歐元、又換回一張一百歐元後，還能夠全身而退。如果你死撐到了九十九歐元才放棄，這時你不僅得支付九十九歐元，最後還什麼也沒得到！一想到這裡，你迫不得已只好繼續喊下去。如果你「幸運地」在一百一十歐元終結這場惡夢，那麼你只「小小地」損失十歐元，可是你的競爭對手或許最多得損失一百零九歐元。面對這種騎虎難下的窘境，對方會再繼續出價嗎？你呢，想繼續撐到什麼地步？你可以找幾個朋友一起嘗試這個小遊戲。

請將股神巴菲特的忠告銘記在心：「**千萬別去參加什麼拍賣！**」萬一你的工作很不幸地總是甩不掉拍賣的陰影，那麼，為了擺脫贏者詛咒，你可以將願意出的最高價自動調降兩成，並且拿出紙筆把這個價碼寫下，然後誓死堅守這個價格。

37 基本歸因謬誤

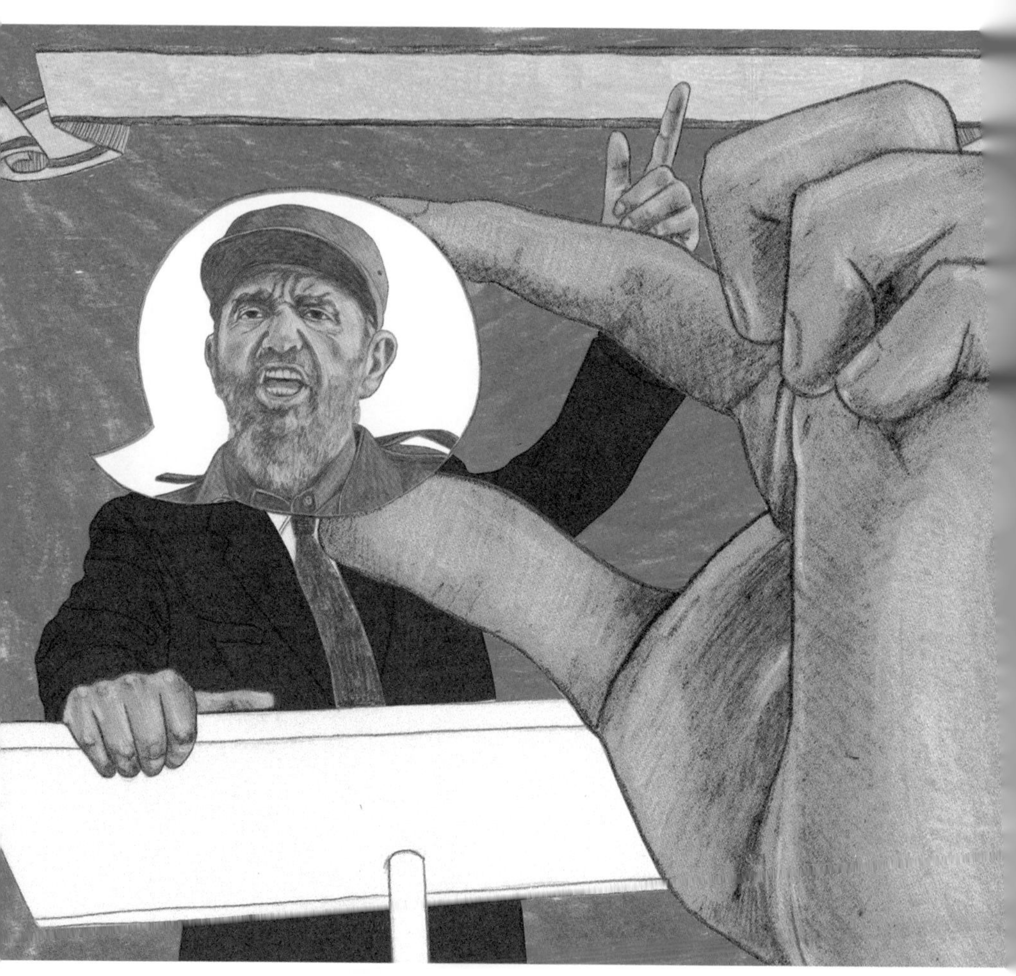

The Fundamental Attribution Error

請你別去問作家，他所寫的小說是不是他的自傳

你打開報紙，看到上頭有則新聞寫道：由於業績慘不忍睹，某公司的執行長只好黯然交出兵符！翻到了體育版，你又看到一則新聞寫道：在某某球員或教練的帶領下，你支持的球隊終於在本季封王！「沒有人物，就沒有故事」，這是撰寫新聞報導的基本原則。不過，也正因為這樣，記者，甚至是讀者們，便犯下了「基本歸因謬誤」。此謬誤的意思是說：**當人們在解釋一些事情時，往往傾向於自動高估人物對於事情造成的影響**；相反地，卻會低估屬於外在情境方面的各種事實，對於事情造成的影響。

一九六七年時，杜克大學（Duke University）的一些學者們曾經進行以下實驗。研究人員找了一個人做一場熱血沸騰、支持卡斯楚的演講，聆聽這場演講的受試者在事前便被告知：台上這位發表演說的人士，只是照著研究人員擬好的稿子唸，演說內容完全與這個人真正的政治傾向無關。儘管如此，實驗的結果卻顯示，大部分受試者還是認為這場慷慨激昂的演講反映了演說者的心聲！他們都將演說的內容歸因於這位演說者的人格，完全無視於講稿是研究人員硬塞給演說者的這項事實。

在結果是負面的場合當中，特別容易發生基本歸因謬誤的情況。比方說，我們往往會把發生戰爭的罪過推給某些人。例如，我們總是認定第二次世界大戰就是希特勒一手挑起

的，至於第一次世界大戰，則歸咎於當年塞拉耶佛的某位刺客。然而事實上，戰爭是種無法逆料的事件。直到目前為止，對於引發戰爭的機制，諸如金融市場或是氣候問題，跟戰爭的爆發究竟有什麼關聯，我們還是不甚了解。

儘管大家一定都曉得企業經營的成功與否，受負責人的領導能力影響較小，而受一般經濟情勢與產業前景的影響較大。可是，當我們要去尋找造成業績好壞的原因時，通常會先從企業負責人身上著手。有個現象就很耐人尋味：在一些夕陽產業裡，我們經常可以看到執行長換人做做看的情況；相反地，在炙手可熱的當紅產業裡，我們卻鮮少見到走馬換將的例子。比起那些足球教練及他們所屬的球隊，這樣的決定似乎理性不到哪裡去！

我經常會去聽音樂會；身為盧塞恩的市民，我總是沉浸在這座城市獨一無二的古典音樂公演裡。在音樂會中場休息時，除非當天遇上首演，人們才會稍微談論樂曲，否則觀眾幾乎總在談論指揮家或獨奏（唱）者。為什麼人們不去談論樂曲呢？音樂真正的奇蹟不是在樂曲上嗎？它原本只是一張白紙，卻能幻化成動人的旋律，令滿堂的觀眾如痴如醉，為之瘋狂。理論上，不同樂曲總譜之間的差異，比起各音樂家詮釋樂曲的差異，前者留給人們的印象顯然深刻千萬倍。然而，我們的腦袋卻不這麼想。相對於指揮家或獨奏（唱）者，**樂曲總譜就是少了那麼一張「臉」**！

身為一位作家，我也曾遇到以下的基本歸因謬誤：在朗讀完自己的書後（基本上，這是一件我自己不是很有把握的大膽嘗試），第一個聽到的問題總是（真的「總是」）：

「請問這本小說是你個人的自傳嗎？」每當遇到有人劈頭就問這種問題，我心中最想做的就是對全場觀眾大吼：「這根本就跟我本人沒有關係。有關係的是書、是文章、是語言，是故事會不會太離譜！到底是要講幾遍啊？」無奈的是，我的教養鮮少容許我如此抓狂似地發飆。

事實上，我們應該對基本歸因謬誤有所體諒，因為這種極度以人為導向的傾向，根源於人類過去的演化。對古時候的人來說，歸屬於團體是存活的必要條件，單獨一人根本無法保護自己、繁衍後代，或是從事大部分的狩獵活動。我們需要別人幫忙完成這些事；那些迷走的獨行俠（肯定有不少這樣的怪咖）最終會從基因庫裡消失。正因為如此，我們才會如此地迷戀「人」。我們幾乎花了百分之九十的時間在想別的人，卻只留給情境的關聯性一成的時間。

結論：在人生舞台上，我們這些活生生的人並非是完美而自主的人物；相反地，我們總在各種不同的情況中一路跌跌撞撞走了過來。這樣的現實人生百態，讓我們看得目眩神迷。然而，若你想真正了解正在觀賞的這齣戲，那麼，請別只盯著演員。你該多注意一下，影響這些演員的各種因素，究竟是如何起舞。

38 錯誤的因果關係

The False Causality

為何你不該相信送子鳥的傳說

赫布里底（Hebrides）是蘇格蘭西北部一座群島；有件事令人感到有趣，頭蝨竟是島民生活中不可或缺的一部分。據說，頭蝨要是離開宿主，宿主馬上就會開始生病、發燒。因此，為了退燒，人們會故意將頭蝨放到病人的頭髮裡。在赫布里底群島的居民眼裡，這套治病方法的成效確實有目共睹。當頭蝨再度在病人身上築起溫暖的家園，病人馬上就會跟著好轉起來。

某個城市在研究該城消防隊的勤務後發現：火災的損失金額，與消防隊投入救災的人數呈正相關。也就是說，出動愈多消防隊員去救災，火災的損失規模也跟著愈大！「賢明」的市長知道了這項研究結果後，立刻下令停止召募消防隊員，並大砍消防隊的預算。

以上這兩則故事都是出自《會騙人的數字》（*Der Hund, der Eier legt*）★這本書；它們都在諷刺倒果為因的荒謬。頭蝨之所以離開宿主，其實是因為宿主發燒使牠的腳燙得受不了。當病人的燒退了，頭蝨自然樂意繼續留在病人頭上。火災愈大，當然就要多派消防人員前去支援；這兩者之間的關係，絕對不可能是反過來的！

對於這些蠢故事，我們固然可以莞爾一笑，但實際上，日常生活中「錯誤的因果關係」，幾乎天天都在誤導我們。讓我們看一下這個標題：「員工士氣佳，推升企業獲利！」真是這樣？難道不可能是因為公司很賺錢，員工才跟著有了士氣嗎？財經書籍的作者以及專業顧問，經常會操弄這類似是而非（或至少是不確定）的「因果關係」。

猶記得在一九九〇年代，沒有誰比美國聯準會主席葛林斯潘更受人景仰。他那朦朧不清的談話風格，為他的貨幣政策增添了玄學光環。在他的貨幣政策引領之下，美國穩建地走在通往繁榮的康莊大道上。政治人物、記者及財經界領袖，無不將葛林斯潘捧上了天。如今我們明白，這些吹捧葛林斯潘的人，不過只是一群錯誤因果關係的受害者！當初美國的經濟榮景裡，美國與中國（中國提供大量廉價商品讓美國人消費，同時也是美國的大債主）的共生關係，所扮演的角色顯然比葛林斯潘更為重要。我們可以不客氣地說一句：葛林斯潘不過是比較幸運而已。他剛好生逢其時，遇上一個經濟榮景的年代罷了。

讓我們再來看看另外一個例子。經研究指出：長期待在醫院不利於病患的健康。對所有醫療保險公司而言，這項研究成果簡直是一大福音，因為那些保險公司本來就巴不得投保的病患快快出院。可是如果回到病人的健康狀況上仔細想一想，上述的結論還真的有夠奇怪。事實上，病情比較沒那麼嚴重的病患，本來就會比病情較為嚴重的病患早一點出院；換句話說，那些長期留在醫院的病患，本來就比較不健康，所以必須留在醫院裡。並不是因為他們一直留在醫院裡，才變得比較不健康啊！

讓我們再來看看以下這段標題：「經科學研究證實：長期使用某某牌洗髮精的婦女，她們的髮質較為強韌。」雖然有「科學」加持，使這段陳述看來頗能令人信服，不過要是我們仔細想想，便會發現它什麼也沒說。這段陳述不僅沒有說明洗髮精與較強韌的髮質之間有何關係，相反地，它可能還隱含著一個顛倒過來的推論：髮質較強韌的婦女偏好使用某某牌的洗髮精（說不定洗髮精的包裝上就註明了「強韌髮質專用」）。

前不久我讀到一項研究，文中指出：家裡有較多書的學生，他們在學校裡會取得較好的成績。據說這項研究引發了家長們瘋狂的購書潮——典型錯誤的因果關係！事實上，實際的情況應該是：與受過較少教育的父母相比，受過較多教育的父母往往會更加重視孩子們的教育問題，也往往比受過較少教育的父母擁有更多書。並不是書籍創造了學生在成績方面的優勢，而是父母的教育程度，甚至還有他們的基因。

關於錯誤的因果關係，還有一個相當有趣的例子：德國的出生率以及德國送子鳥的數量。若我們對照一下兩者在一九六五到一九八七年之間的發展曲線，會發現這兩條曲線竟然幾近完美地互相吻合。如此看來，寶寶還真的是送子鳥送來的囉？當然不是，這全然只是一個美麗的巧合，跟因果關係真的八竿子打不著。

結論：**關聯性並非因果關係**，請張大眼睛仔細分辨清楚。有時推論的方向會完全相反，有時甚至連推論都沒有，就如同你在上面送子鳥與寶寶的例子裡所看到的那樣。

★作者為 Hans-Hermann Dubben 與 Hans-Peter Beck-Bornholdt，兩人同在漢堡大學醫學院從事教學與研究。本書源自兩人醫學系課堂上的講義與手稿，以輕鬆幽默的方式引領讀者領略有關謬誤的問題。

39 月暈效應

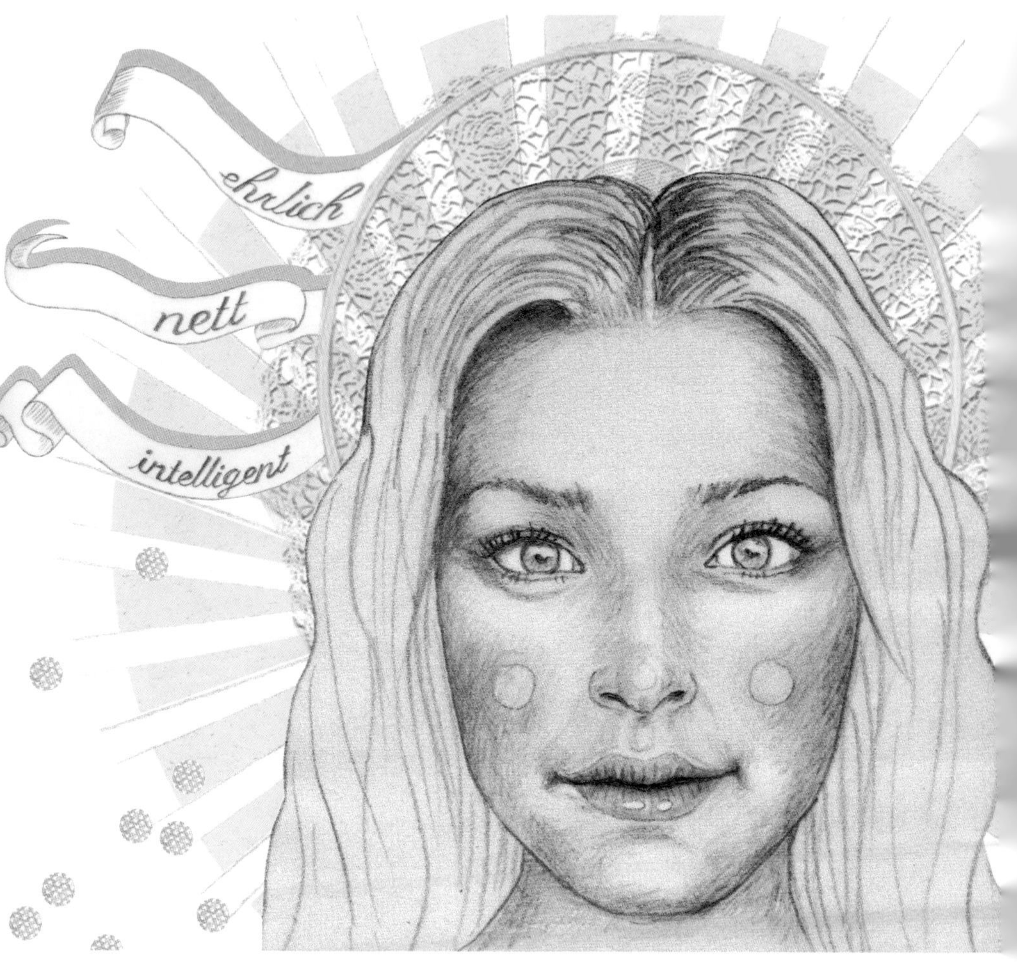

The Halo Effect

ehrlich：誠實
nett：親切
intelligent：聰明

為何長相好看的人容易事業有成

在新經濟時代（New Economy Era）★，矽谷發跡的思科（Cisco）曾是最受寵的一家企業。在當時那些財經記者們眼裡，思科的一切，諸如最棒的客服、完美的經營策略、凌厲的行銷技巧、獨一無二的企業文化，以及魅力超群的執行長等等，完全是正確到了一個不能再正確的地步！到了二〇〇〇年三月，思科終於榮登全球市值最高的企業。

可惜，人無千日好，花無百日紅；不到一年光景，思科的股價竟狂跌了百分之八十！只能慨嘆人情冷暖，世態炎涼，先前那批將思科捧上天的記者們，如今卻爭先恐後出來打落水狗，諸如糟透了的客服、模糊不清的經營策略、一點也不犀利的行銷技巧、僵固的企業文化，還有死氣沉沉的執行長等等。這時思科的一切全被嫌到一無是處。事實上，這段期間裡思科根本沒有改變經營策略，也未曾撤換執行長。之所以落入如此的窘境，是因為市場的需求面突然變得一蹶不振，但這個原因跟思科的所作所為一點關係也沒有。

「月暈效應」的意思是說：**我們往往會迷失在某個觀點上，並且用這個觀點去設想事物的全貌**。上述思科的例子，格外清楚地說明了月暈效應這個詞語所代表的涵義：記者大人們讓股價行情蒙蔽了雙眼，在未曾仔細探究事實真相的情況下，就直接從股價出發，並且將一切歸因到公司內部的某些特質。

月暈效應的運作方式總是千篇一律：從一個簡單的觀點出發，推導出某些特別顯著的成因。比如，描述某家企業的財務狀況時，我們會自然地將原因聯繫到某些難以解釋的特質，像是優良的管理、犀利的經營策略等。因此，對於擁有良好聲譽的廠商，我們往往認為這些廠商製造的產品，同樣擁有貨真價實的品質。但事實上，這當中並沒有足以讓我們如此認為的客觀理由。此外，對於在某一產業很成功的執行長，我們也傾向認為在各種產業裡，他們會同樣成功。我們甚至會以為他們在日常生活裡，必然經常扮演英雄！

一百多前，美國心理學家桑代克（Edward Lee Thorndike）便已發現了月暈效應。個人身上的某項特質（如美貌、社會地位、年齡等）會製造出正面或負面的印象。這項特質會蓋過其他特質，並且會不成比例地對整體印象發揮影響。在這方面，美貌是最常被研究的主題。一堆的相關研究顯示：對於長相好看的人，我們總會自然而然地認為他們比較親切、誠實，而且聰明！許多研究也證實較具吸引力的人比較容易事業有成，不過這項結論倒是跟以陪睡換取升遷的事情無關喔。在校園裡，同樣也有月暈效應這檔事，例如在打成績時，對於那些長相好看的學生，老師便會不由自主地將成績打得比較鬆。

廣告也會巧妙地運用月暈效應，這就是為什麼會有一大堆名人在宣傳海報上笑臉迎人。雖然透過理性分析，我實在不太能夠理解為何非要找個職業網球明星充當咖啡機的專家，可是人家就是有辦法讓咖啡機熱賣。我還能說什麼呢，能說的或許只有：月暈效應的奸詐之處，就在於它總是躲在我們的不知不覺中。

當出身背景、性別或種族等特徵變成了蓋過其他個人特質的主宰元素時，月暈效應所引起的最大不幸便會降臨。我們會不由自主地在心裡形塑某種刻板印象。就算你沒有種族歧視或性別歧視的傾向，也會不幸淪為月暈效應的受害者。它會模糊我們的視野，讓我們跟那些記者、老師還有消費者一樣，被搞得暈頭轉向。

不過，月暈效應有時也會造成一些好結果，至少就短期來說是如此。你是否曾經神魂顛倒地墜入情網？要是有過這樣的經驗，那麼你肯定能了解月暈效應究竟有多強。在你眼裡，你所仰慕的人是多麼地完美，不僅具有超乎常人的吸引力，同時既聰明又善解人意，最重要的是有顆溫暖的心。就算你的朋友們好心為你指出對方具有多麼明顯的缺點，你眼裡所看到的，仍然只是一些「可愛的」小瑕疵……

結論：**月暈效應會障蔽我們的視野，讓我們看不清事物的真貌**。因此，在你面對事物時，請忽略它突出的特徵，並張大眼睛把它瞧個仔細。某些世界級樂團的徵人方法頗值得我們參考：他們讓應徵者躲在布幕後面演奏，藉以避免負責面試的人受到性別、種族或是外型等因素的干擾。最後，我想要給財經記者們一個忠告：請不要膚淺地根據季報來評價一間公司（其實股市會更早對季報做出反應），應該要更深入地挖掘業績背後的真相。縱然暴露出來的東西不一定總是美好的，有時卻能為我們帶來不少啟發。

★柯林頓執政期間，美國經濟出現了創紀錄的長期繁榮、高度經濟成長、低度通膨與失業率等景象。一九九六年，美國媒體便以「新經濟」為標題回應這段榮景，宣告美國進入一個「新經濟時代」。

40 替代路徑

The Alternate Path

恭喜你！你贏了俄羅斯輪盤

你與一位俄羅斯的角頭有約，在你居住的城市附近一片森林裡見面。前來赴約的角頭帶了一卡皮箱及一把左輪手槍。這卡皮箱塞滿了不連號、乾乾淨淨的一千萬歐元；他的左輪手槍則只裝了一發子彈，其餘五個彈倉全是空的。這時角頭開口問你：「想不想賭一把俄羅斯輪盤？舉起這把槍朝你的腦袋扣一下扳機，要是你命大沒死，這整箱白花花的鈔票就是你的了！」你考慮了一會兒，一千萬歐元可不是一筆小數目，它可以徹徹底底改變你的人生。有了這筆錢，你不必再工作，甚至不用再收集郵票，可以改收集跑車。

經過一番天人交戰後，你決定接受這項挑戰。你閉上雙眼，舉起這把左輪手槍，朝自己的腦袋扣下扳機。喀嚓一聲！你突然感到腎上腺素充滿全身；咦，沒聽到槍聲？你真是福大命大，恭喜你出運了。你興高采烈地抱走這一大箱用命換來的錢，接著就像暴發戶一樣，馬上在法蘭克福風景最好的地區蓋了一棟豪華別墅。這讓你的鄰居看了可是分外眼紅。

你的鄰居之一是一位知名律師，他目前住的房子跟你的豪華別墅相比，也不禁讓他覺得人比人真是氣死人。他每天得工作十二小時，一年工作三百天；雖然每小時六百歐元的談話費十分傲人，可是這種收費標準也沒有多稀罕。簡單來說，你的名律師鄰居一年大概可以淨賺五十萬歐元。你三不五時會從家裡向這位名律師鄰居揮個手、打聲招呼。你的臉上雖然保持著親切的微笑，內心卻暗自嘲笑著：嘿嘿，這傢伙還得繼續奮鬥二十年，才能跟我平起平坐啊！

假設經過二十年的打拚，你的名律師鄰居果真也躋身千萬富翁之列，而他的豪華別墅現在也足以跟你家分庭抗禮。過了不久，有位記者跑來你們這個社區採訪，打算做一個關於這個社區有錢人的專題報導。這位記者除了訪問你與你的鄰居外，還拍了許多別墅的照片以及每對夫妻的合照。在事後整理出的報導裡，這位記者評論了許多他所看到的室內裝潢及花園造景的差異。然而，你與你的鄰居間最重要的差異，記者卻完全沒看見，那就是隱藏在你們每人所擁有的一千萬歐元背後的風險！若想了解個中原委，這位記者就得先搞清楚什麼叫「替代路徑」。然而，不僅是這位記者，我們一般人也都十分拙於面對替代路徑的問題。

到底什麼是替代路徑？舉凡所有同樣可能發生卻未發生的情況，都是替代路徑。以上述的俄羅斯輪盤為例，同樣能夠賺到一千萬歐元的替代路徑還有四個（尚有四個彈倉是空的），可是第五個替代路徑（唯一裝有子彈的彈倉）會將你帶往萬劫不復的境地，而這可是生與死之別。另一方面，在上述律師的情況裡，相對於俄羅斯輪盤，這位律師可能經過的路徑，比較不會導致天堂與地獄般的差別。倘若這位律師是在鄉下執業，他每小時的談話費可能只收兩百歐元；如果這位律師是在漢堡市中心執業，他每小時的談話費或許可以收到八百歐元。然而，不論他收的錢是多是寡，至少不會有一個替代路徑會要了他的命！

替代路徑是不可見的；正因如此，我們很少去想到它。若想要利用垃圾債券、選擇權及信用違約交換等工具，投機地海撈幾百萬，千萬可別忘記自己是在鋌而走險，其中一條替代路徑可是會把人帶往傾家蕩產的境地！與長年辛苦工作累積出的一千萬元相比，冒著極大風險掙來的一千萬元，顯然比較沒有價值。然而在這種情況下，簿記員總是可以主張：一千萬元就是一千萬元。

有一回塔雷伯來拜訪我，當晚我們一起去一家餐廳用餐。塔雷伯提議不妨用擲錢幣的方式，決定今晚這頓飯究竟該由誰請客。我同意了他的提議，而擲幣的結果是：塔雷伯得付帳。出現這樣的情況，倒讓我覺得有點不好意思，因為他大老遠飛到瑞士找我，我怎麼可以讓客人掏腰包。為了化解尷尬，我對他說：「這樣好了，下次我們有機會一起吃飯時，不管在這裡還是紐約，統統都由我請客。」他想了一會兒，開口對我說：「如果從替代路徑這個觀點來看，你剛剛其實已經為這頓晚餐出了一半的錢。」

結論：風險從來就無法直接被看出！因此，請務必考慮到你究竟面臨著什麼樣的替代路徑。**請看輕經由高風險替代路徑導致的成功**；相反地，請看重經由無聊的路徑所獲得的成功（例如從事律師、牙醫、滑雪教練、飛行員或企業顧問等工作，長期地努力打拚）。正如法國作家蒙田所說的：「我的生命裡其實充滿了不幸，只不過這些不幸大部分都未曾發生就是了！」

41 預測的錯覺

The Forecast Illusion

水晶球如何搞得你目眩神迷

「北韓新領導人將在兩年內接班」★、「不久後，阿根廷紅酒受歡迎的程度將超越法國紅酒」、「臉書將在三年內成為最重要的聊天媒體」、「歐元區將會解體」、「未來十年內，每個人都將有機會輕鬆參與太空之旅」、「未來十五年內，全球原油將完全枯竭」。

幾乎一天到晚都有各式各樣的專家，用類似上述那樣的預測，把我們炸得七葷八素！可是實際上，他們所說的話又有多少可信度呢？一直到幾年前，都還未曾有人願意耗費心力去實際檢驗看看，這些專家們所做的預測，品質究竟有多糟。然而，終究還是出現了一位有心人：讓我們為這位菲利普‧泰洛克（Philip Tetlock）掌聲鼓勵。

這位加州大學柏克萊分校教授，用心檢視了過去十年各行各業共兩百八十四位專家做出的八萬兩千三百六十一則預測。研究結果顯示：專家所做的預測，不會比隨機生成器（random generator）所做的預測更準。耐人尋味的是最受媒體關注的專家，所做的預測尤其不準。滅亡或沒落的預測也格外不準，這方面可以林林總總與分裂有關的劇本為代表。諸如加拿大、奈及利亞、中國、印度、印尼、南非、比利時與歐盟等，都有不少專家為其量身訂做整個瓦解過程。有趣的是，對於利比亞，倒是沒有專家曾發表過具代表性的預測。

哈佛大學經濟學家約翰‧高伯瑞（John Kenneth Galbraith）曾經這麼說：「**只有兩種人**

會去預言未來：一種是一無所知的人，另一種則是不曉得自己其實一無所知的人！」這句話說得倒是一針見血；不過，高伯瑞恐怕也因此得罪了不少同行。然而，基金經理人彼得・林區（Peter Lynch）說得更過分：「在美國，總共有六萬多位訓練有素的經濟學家。人們雇用這些人，是要請他們預告經濟危機與避稅。他們的預測只要能夠連續兩次準確命中，老早就都成了百萬富翁。遺憾的是，據我所知，他們大多數還是一直老老實實地當個受雇者！」彼得・林區說出這段話已經是十多年前的事了；時至今日，美國經濟學家的數量恐怕已是當時的三倍。而依然令人遺憾的是，他們的預測水準始終沒什麼長進。

我想之所以會如此，最大問題在於：這些專家根本不用為他們的錯誤預測付出什麼代價，不論是金錢方面還是名聲方面。換句話說，我們的社會一直提供他們「免費的選擇權」。錯誤預測並不會為他們帶來什麼壞處，但萬一瞎貓碰上死耗子地命中一回，關注度、顧問聘書、曝光率等各式各樣的好康，便會隨之而來。像這樣白吃的午餐，任誰都想分一杯羹；正因如此，各式各樣預測才會愈「錯」愈「湧」！到頭來，所有預測的命中率只會愈來愈流於純屬巧合。或許比較理想的作法是：強制規定預言者在預言時繳納一筆錢作為預言基金，比方每則預言酌收一千歐元。若不幸言中，那就連本帶利將錢還給那些預言者；若是如我們所料地預測失靈，就把他們繳的錢沒收，籌措起來捐給公益團體。

到底什麼東西是可預測的、什麼東西是不可預測的呢？對於我個人的體重在往後一年當中的變化，我可能不會預測得太離譜。然而，當所涉及的系統愈大、時間軸愈長時，我們所能看到的未來也會跟著變得愈加模糊不清。氣候暖化、石油價格甚或匯率等幾乎無法預測。此外，各種發明的出現也完全無法預測。我們可以試著進一步想像，要是現在發明了某樣科技，它會對我們往後的生活帶來怎樣的幸與不幸？

結論：請以批判態度面對各式各樣的預測。為此，我曾經對自己做過思考訓練，不論預測有多陰暗、悲觀，我總是先輕鬆以對，並且冷靜地察看預測涉及的重點。接著，我便問自己兩個問題：第一，**做出這項預測的專家究竟處在什麼樣的激勵機制裡呢？**他是一位受雇員工嗎？若他總是預測錯誤，會不會因此丟掉飯碗？或者，做出預測的人會不會是個自稱「趨勢大師」的傢伙，收入主要來自出書與演講呢？他的預測只是為了吸引媒體關注，可是到頭來只會出人意料卻也不出人意料地失靈？第二，**這位專家或大師的預測準確率（量）究竟有多高？**在過去五年中，這位專家或大師究竟做過多少次預測？這些預測中又有多少是準確的、多少是不準的呢？在這裡，我對媒體有一個小小的期待：如果沒有附上那些預言者的真實戰績，就請別再亂發表什麼預測了。

最後，謹引用英國前首相布萊爾（Tony Blair）一段相當中肯的話作結：「我不會去預言；過去我從沒做過，今後也不會去做！」❦

★本書完稿時北韓前領導人金正日尚健在，然而金正日已於二〇一一年底去世，新任領導人金正恩則於二〇一一年底至二〇一二年初陸續接掌北韓重要職位。

42 聯結謬誤

The Conjunction Fallacy

為什麼合情合理的故事會誤導我們

克勞斯，三十五歲，曾經在大學主修哲學。從高中開始，他就一直鑽研與第三世界有關的議題。大學畢業後，他加入了紅十字會，並前往非洲西部服務兩年。後來他調回日內瓦的紅十字會總部，接著又服務三年。在此期間，他榮升至部門主管之職。升職後，克勞斯去念了MBA，並且以企業社會責任為題，撰寫他的碩士論文。看過以上的簡歷後，請問以下兩個關於克勞斯的敘述，哪個比較有可能？（A）克勞斯在一家大銀行上班；（B）克勞斯在一家大銀行上班，且是那家銀行所屬第三世界基金會的負責人。你選哪一個？

倘若你的思路與大多數人一樣，那麼，你應該會選B。但是，B這個答案裡不僅包含克勞斯在一家大銀行上班這項條件，還包含了比答案A多出來的另一項條件。與單純在大銀行工作的人相比，同時具備既在大銀行工作、又負責銀行所屬第三世界基金會這兩種條件的人，顯然更為稀少。因此，答案A其實具有較高的可能性。你之所以會認為答案B的可能性較高，是因為發生了「聯結謬誤」。諾貝爾獎得主丹尼爾・卡內曼（Daniel Kahneman）與阿摩司・特沃斯基曾經針對這項思考錯誤進行過深入研究。

為什麼我們會落入聯結謬誤之中呢？那是因為**我們會直觀地對故事做和諧化或合理**

化的理解。以上述克勞斯的故事為例，把克勞斯的援外角色描寫得愈生動、愈令人印象深刻、愈有說服力，我們犯下聯結謬誤的危險也就愈大。要是我改問你：克勞斯，現年三十五歲；請問以下兩個關於克勞斯的敘述，哪個比較有可能？（A）克勞斯在一家銀行上班；（B）克勞斯在法蘭克福的一家銀行上班，他的辦公室在二十四樓，辦公室編號為五十七。像這個樣子，你應該就不會落入聯結謬誤之中了吧？

讓我們再來試試另一個例子。請問以下兩種敘述，哪一個比較有可能？（A）法蘭克福機場關閉，所有航班取消；（B）由於天候惡劣，法蘭克福機場關閉，所有航班取消。A或B，你選哪一個？這一回你肯定選對了。A是比較有可能的，因為要實現答案B，必須多滿足一項條件，那就是天候惡劣。機場關閉未必全是天候惡劣所造成，發生炸彈恐嚇事件、意外事故或罷工等，同樣可能導致機場關閉。然而，在看到了天候惡劣導致機場關閉這類合情合理的情節後，我們根本不會想到還有炸彈恐嚇事件、意外事故或罷工等其他原因；至少當我們敏感度不夠時確實不會想到。可是，你現在在這方面應該已有一點敏感度了。你可以找朋友們測驗一下，你將發現，大部分的人其實都會選B。

即使是專家，也難保不會落入聯結謬誤。一九八二年一場未來學（futurology）的國際研討會上，與會人士（多半是學者）被分成了兩組。在第一組裡，卡內曼發給大家一套一九八三年將會上演的劇本：「石油需求量將降低三成」；在第二組裡，他則將一九八三年的劇本改成：「油價將戲劇性地飆升，導致石油需求量降低三成。」在看過各自組別的劇本後，與會人士應要求評估他們所見的劇本實際發生的可能性有多高。最後的結果明顯指出，第二組與會人士比第一組更加相信手裡的預測劇本有可能實際發生。

卡內曼認為人類有兩種不同的思考：一種是直觀的、無意識的、直接的思考，另一種則是有意識的、理性的、緩慢的、吃力的、邏輯的思考。令人遺憾的是，**當有意識的思考還在暖車時，直觀的思考早已飆過了終點！**以我個人的經驗為例，時間倒回到二〇〇一年，九一一恐怖攻擊事件發生後，我想去辦一個旅行平安保險。當時有家腦筋動得快的公司，巧妙地運用了聯結謬誤，順勢推出一種恐怖主義險。儘管當時有其他現成的一般保險，對於旅行途中任何原因造成的損害一律理賠（當然也包括了恐怖攻擊），我還是上了恐怖主義險的當。我只能說，自己真的是蠢到了家，竟然打算付出更多的錢，去買一個已經包含在普通保險裡的「特殊」保險商品！

結論：請忘掉那些關於左腦、右腦的論調，真正重要的是直觀的思考與有意識的思考這兩者之間的差別。**直觀的思考有一項缺點，它無法抗拒合情合理的故事。**因此，當你在做重要決定時，千萬別跟著直觀的思考走！❀

43 框架

Framing

fettfrei：不含脂肪

言為心聲

要是家裡的垃圾桶滿了，你會說：「喂，垃圾桶滿了喔！」還是會說：「寶貝，要是你能趕快去倒垃圾，我會愛死你的！」法國有句諺語是這麼說的：「C'est le ton qui fait la musique.」字面上的意思是說「音調造就了音樂」，引申言之則是「言為心聲」，或「聽其言而知其人」。同樣一件事情如果用不同方式陳述，便會讓聽者的感受大不相同。心理學家使用了「框架」這個專業術語，來稱呼這樣的現象。

框架（有時稱為「框架效應」〔framing effect〕）的意思是說：**對於同樣一件事，我們會因陳述方式有所不同，而產生不同的反應。**一九八〇年代，卡內曼與他的同事特沃斯基曾共同進行一項實驗。他們設計了一套關於傳染病對策的問卷，請受訪者從兩種對策中選出他們覺得較好的一種。問卷的內容大致如下：假設在某個地區有六百名群眾的生命受到某種傳染病的威脅，「對策A可以拯救兩百人的性命」，而「對策B有三分之一的機率讓六百人全部得救，可是也有三分之二的機率無人得救」；A或B，你選哪一個呢？儘管A與B其實是一樣的（都只有兩百人能夠獲救），可是，大多數受訪者竟然都選A。「Lieber den Spatz in der Hand als die Taube auf dem Dach.」（意思是說：手裡的麻雀勝過屋頂上的鴿子。）這句德文諺語巧妙地反映了大多數受訪者的心理。然而，真正有趣的還在後頭。當同一道題目的兩個選項以顛倒過來的方式再問一遍：「對策A會犧牲掉四百人的性命」，而「對策B有三分之一的機率沒有人犧牲，可是也有三分之二的機率六百人全都犧牲」，這時選A的受訪者反而成了少數，大多數都選了B。也就是說，第二份問卷的結果剛好跟第一份問卷結果完全相反。根據不同的陳述方式，「拯救」vs.「犧牲」，這些受訪者們竟然對同樣一件事做出了不同的判斷。

讓我們再來看看另一個例子。研究人員擬了兩種關於肉品的陳述：「百分之九十九不含脂肪」與「百分之一含脂肪」，以此對受訪者們進行問卷調查。雖然這兩種陳述的實際內容是一樣的，受訪者們卻泰半認為食用第一種肉品應該比較健康。就算研究人員後來把陳述改寫成「百分之九十八不含脂肪」與「百分之一含脂肪」，這時第一種肉品的脂肪含量明明就多了第二種一倍，受訪者卻還是堅持認為食用第一種肉品應該比較健康！

「美化修辭」是框架特別常見的變種。比方說，股市重挫，我們會說那是在「修正」；企業支出成本過高，我們會說那叫做「商譽」；在管理學課堂中，我們所遇到的問題都不叫「問題」，相反地，那是「機會」；被開除的經理其實是要「重新出發」，去開拓更美好的人生；不管死因多荒謬或多愚蠢，死去的將士一律是「光榮地為國捐軀」；那些發動種族屠殺的凶手，則把他們的行為形容成「種族淨化」。更誇張的還有飛機迫降紐約的哈德遜河（Hudson River），竟然可以稱為「飛航技術的光榮勝利」。真是這樣的話，那些順利降落的情況，又該叫什麼呢？

你是否曾詳細閱讀金融商品（例如「指數股票型基金」〔Exchange Traded Funds；簡稱ETF〕）的說明書呢？那些說明書總會極力吹捧他們過去幾年的優異績效，可是，到底該回顧多少年呢？只要在回顧的年分裡盡可能畫出一條漂亮的上升曲線，那就好了；這種手法同樣也是一種框架。然而，框架有時也會在歷史上掀起軒然大波。十六世紀鬧得沸沸揚揚的宗教分裂，不也是因為大家一直爭執不下，究竟該把同一塊麵包放在「基督的象徵身體」還是「基督的真實身體」的框架上嗎？

此外，當我們將注意力集中在整件事情的單一或少數面向時，我們也會被框架原則牽著鼻子走。比如，在購買二手車時，我們往往只專注於車子的里程數，卻忽略掉引擎、煞車及各種零組件的真實狀態；也就是說，里程數往往主導了我們是否購買二手車的決定。不過，這事實上也無可厚非，因為說真的，我們很難打破砂鍋問到底地窮盡所有面向。甚至要是因此又出現了另一種框架，我們可能又會跟著做出別的決定。

作家們也會故意在他們的小說裡擺上框架。要是將謀殺的過程平鋪直敘地一步步寫出來，推理小說可能會變得十分乏味；或許不能再稱為推理小說，應該要叫專業書籍。正因為要將故事的關鍵留到最後再行揭曉，推理小說就必須透過框架，以讓整個故事引人入勝。

結論：千萬要注意，**沒有框架，你根本什麼也無法陳述**。每件事情，無論是從好友那裡親耳聽聞，還是從一份嚴謹的報刊上讀到，都是處在某種框架裡。即便你現在正在閱讀的這一章，也不例外。

44 行動偏誤

The Action Bias

為何光是等待而不採取任何行動，會是一件令人痛苦的事

當足球賽進入到ＰＫ的生死對決時，射門的球員將球踢往球門中間的機率為三分之一，踢往球門左邊的機率為三分之一，踢往右邊的機率也為三分之一。可是，守門員是怎麼反應的呢？他們要不就往右撲，要不就往左撲。雖然ＰＫ對決有三分之一的進球其實是落在球門中間，守門員卻鮮少站在中間完全不動，這是為什麼？因為就算撲錯了邊，也比傻傻地站在原地、眼睜睜看著球從自己左邊或右邊進入球門好看得多，至少守門員也會因此覺得自己沒那麼丟臉。這樣的反應就叫「行動偏誤」，它的意思是說：**即使行動根本沒什麼用處，還是先做了再說！**

上述足球ＰＫ戰的例子出自以色列學者巴爾・艾禮（Bar Eli）的研究；他曾觀察數百場足球ＰＫ戰，從中得出了以上的結論。然而，不是只有守門員會落入行動偏誤裡，讓我們再看看下面這個例子。在一家夜店門口，一群年輕人不知何故突然大吵起來，他們愈吵愈凶，眼看就要開打。不久之後，一名菜鳥員警跟著一名資深員警來到現場；他們並沒有馬上介入，只先保持著一定距離，觀察這群年輕人到底在做什麼。萬一真的鬧到有人受傷，他們便會立即出手干預。要是沒有資深員警在場的話，情況很可能會變成這樣：這位既菜又熱血的「波麗士大人」，可能會讓行動偏誤給沖昏了頭；也就是說，他到場之後不

會坐視不理，必然馬上採取行動。對此，英國曾經有過一個相關的研究，結果顯示：與（年輕）員警即刻干預衝突相比，若員警在發生衝突的場合等久一點，反而可以讓傷亡人數降低。

當我們面臨的是全新或情況不明的場面時，行動偏誤特別容易跑出來作祟。許多投資人其實就像上面那位夜店門口的菜鳥員警，在還無法正確評估股市的態勢之前，很容易陷入某種「活動過度」（hyperactivity）的狀態。當然，這樣的反應顯然不值得。股神巴菲特說得好：「在投資時，主動出擊並不代表會有績效。」

在教育程度最高的圈子裡，同樣也無法抗拒行動偏誤。當醫生面對某位病患狀況不明的病情時，他有兩個選擇：要不就干預，要不就置之不理。也就是說，不是直接開出處方，就是先等一等，看看病情有無明顯變化再說。話雖如此，醫生往往傾向對病患的病情採取行動。我們不必把醫生想成是為了賺錢才選擇醫療行為；純然的行動偏誤，其實就足以讓醫生對病患採取行動。

為何會有行動偏誤呢？身處狩獵與採集的環境中，行動顯然比思考對我們更有利。在人類過去的生活形態裡，敏捷的反應能力對於存活而言至關重要。停下來慢慢地思考，可能就意味著等死！當我們的祖先在森林邊緣見到了劍齒虎模樣的黑影，他們並不會像羅丹（Auguste Rodin）的「沉思者」（The Thinker）那樣，靜靜地坐在石頭上，先來一場分類學的研究，分析看看那坨黑影到底是什麼。相反地，他們鐵定會不管三七二十一拔腿就跑。

我們都是那些「看到黑影就溜跑」的人的後代。可是，時至今日，我們的生活環境早已跟從前大不相同。目前的生活形態裡，敏銳的思考反而比毛躁的行動對我們更有利。無奈的是，積重難返，我們實在很難將思考與行動給對調過來。

要是我們因為空等而做出了一項正確決定，這項決定甚至造福了公司、國家或全人類，我們也不會因此獲得表揚或得到獎牌，更別說有人會為我們樹立銅像。相反地，要是你展現出堅毅的態度，果決地採取行動，就算事情其實只是湊巧地自動大事化小、小事化無，你也很有機會獲得表揚，至少可以成為某個村子的英雄，或榮登某公司的年度最佳員工。這個社會就是這樣，總是厚待那些沒大腦的行動，卻虧待那些睿智的等待！

結論：**當我們遇上情況不明的場面時，內心便會泛起一股採取行動的衝動**。不管做什麼都好，也不管到底這對解決事情有無幫助，總之，聊勝於無！在做了些什麼之後，我們會覺得舒坦許多。縱使採取行動後情勢並無好轉，我們的內心還是會感到寬慰。無奈的是，如此莽撞往往反而將事情愈弄愈糟。簡單來說，我們的行為模式有著過快及過於頻繁的傾向；因此，當情況混沌不明，直到你比較能夠掌握狀況之前，千萬不要輕舉妄動，最好是什麼都不做。請務必克制自己！法國數學家巴斯卡（Blaise Pascal）在十七世紀時就曾經寫道：「人類所有的不幸，全起因於他們的不安於室。」那麼，就讓我們各自好好地待在自己的家裡；要是能夠安安靜靜地待在書桌旁，那會更好！

45 不作為偏誤

The Omission Bias

為何你不是答案，就是問題

假設你與另一個人結伴登山。狀況一：與你一起登山的同伴不小心掉進一個冰川裂隙，不論是去找人還是你親自動手，只要你肯救他，他就能活命。可是你居然什麼也沒做，眼睜睜讓他死在那個裂隙裡。狀況二：你故意將同伴推進一個冰川裂隙，而不久後他便死在那裡。請問上述兩種行為，哪種比較惡劣？理性來看，這兩種行為都應受到同樣的譴責。不論見死不救還是故意殺人，兩種行為都致人於死。儘管如此，我們的內心還是隱約有種感覺：比起故意殺人，見死不救似乎比較不那麼嚴重。這樣的感覺學者稱之為「不作為偏誤」。**舉凡作為與不作為都能導致損害發生的場合，便會出現不作為偏誤**。這時人們幾乎都會選擇不作為，因為不作為造成的損害，對行為者的主觀來說，似乎比較無害一點。

假設你是國家藥物管理機關的主管，你正面臨一個傷腦筋的決定。有種新藥可以治療某種絕症；可惜的是，這種新藥有很強的副作用，會導致百分之二十的病患立即死亡，不過倒是能在短期之內讓百分之八十的病患痊癒。請問你會怎麼決定呢？

如果你的思路跟大多數人一樣，你會禁止核發許可。你會認為，比起讓可以得救的百分之八十病患繼續飽受絕症的威脅，讓五分之一的病患立即死亡顯然嚴重多了。這是一個荒謬的決定，它與不作為偏誤可謂焦不離孟，孟不離焦。假設你非常清楚不作為偏誤，於是你以理性與道德之名許可了這項藥物。若是不出所料，果真出現了第一位壯烈犧牲的病患，接下來會發生什麼事呢？媒體必然會群起撻伐，而你也只好黯然下台。這個故事告訴我們：如果你是政府官員或政治人物，想在官場上安穩地打滾，你就得順著民眾們的不作為偏誤！

在我們的腦袋裡，這樣子的道德扭曲究竟有多根深柢固，去看一些司法判決就可以知道。在德國與瑞士，即便死者自己明白表示想接受安樂死，主動協助進行安樂死目前仍得擔負刑責。耐人尋味的是，事先同意放棄維生措施，卻是無罪的。

不作為偏誤同樣也解釋了這一點：儘管研究證明預防接種確實可以降低罹患傳染病的風險，有些父母還是會猶豫是否該讓小孩接種疫苗。客觀說來，萬一小孩真的不幸罹患傳染病，人們可以主動造成傷害為由非難這些父母。可是同樣地，比起應受譴責的主動行為，我們會覺得事先放棄（預防接種）似乎比較沒那麼嚴重。

不作為偏誤也說明了為什麼我們寧願設圈套讓別人自己跳進來，也好過直接把損害加到別人身上。雖然沒有開發任何新產品或開發不良產品都會讓公司倒閉，投資人與財經記者們皆覺得相形之下，沒有開發任何新產品似乎來得好一些。與自己買的股票慘賠相比，我們會覺得幾年前繼承而來的股票慘跌比較沒那麼嚴重。比起因為經費理由拆掉燃煤火力發電廠的廢氣處理裝置，我們會覺得燃煤火力發電廠原本就沒有廢氣處理裝置，似乎比較沒那麼嚴重。比起為了讓自己高興而把該節省的暖氣燃油浪費掉，我們會覺得自己的房子沒有做保溫的工程，似乎比較沒那麼嚴重。比起做假帳逃稅，我們會覺得單純漏報所得比較沒那麼嚴重。儘管，兩者的結果其實是一樣的。

在上一章裡，我們認識到了行動偏誤。究竟行動偏誤是不是不作為偏誤的反面呢？不盡然是。當情況處在混沌不明、充滿矛盾時，行動偏誤便會開始作祟；這時就算沒有任何採取行動的理由，我們也會蠢蠢欲動。然而，在不作為偏誤裡，所面臨的狀況多半能夠一目了然。我們本來可以透過今日的作為去避免未來的某種損害；遺憾的是，避免損害的念頭並沒辦法像理性那樣，強有力地驅使我們有所作為。

辨識不作為偏誤其實是件相當困難的事，因為放棄行動比採取行動來得不明顯。六八學運（68er-Bewegung）★看清了不作為偏誤（這點我們不得不贊同），他們曾提出一個簡單明瞭的口號來加以對抗：「如果你不是答案的一部分，你就是問題的一部分！」

★以左派學生運動與民權運動為主的許多運動的統稱，自一九六〇年代中期陸續於西德展開。因一九六八年一些重大事件的彰顯，如美國的大型反戰示威、民權領袖金恩博士遇刺身亡、歐洲掀起大規模社會對立，於是以六八來稱呼整段浪潮。

46 自利偏誤

The Self-Serving Bias

為何你從不自責

你是否看過公司的業務報告，特別是公司執行長所寫的評論部分？沒有嗎？真可惜！因為在那些業務報告中，存在著數不清關於某種思考錯誤的例子，而我們自己有時也會以各種不同的形式陷入那樣的錯誤裡。這項思考錯誤是這樣的：倘若在過去一年中，公司交出了一份十分亮麗的成績單，那麼執行長便會將這一切歸功於自己犀利的決策、不屈不撓的奮戰精神，以及由他一手培養的活力十足的企業文化。相反地，要是在過去一年中公司的成績不幸落得個滿江紅，這時執行長便會一推二五八地將責任統統推給諸如歐元太過強勢、政府一直在扯後腿、中國人做生意實在太奸詐、美國人巧立名目暗增關稅，最後當然也少不了要責怪一下消費者都不肯掏錢！總而言之，**成功的話，全部都是自己的功勞；失敗的話，統統都是外在的因素。**這就是「自利偏誤」。

即便你先前沒聽過自利偏誤這個名詞，可是打從你開始上學起，肯定遇到過不少自利偏誤的真實案例。倘若你考了一百分，這可完全反應出你過人的才學；萬一考個不及格，那就是……一時凸槌啦！不然也可以硬拗成都是考試不公平。時至今日，你不必再去擔心學業成績，不過取而代之的是股市的戰績。要是你幸運地大賺一票，你會說那是天縱英明；要是不幸賠到脫褲，你就會去怪市場氣氛（但市場氣氛明明就一直是那樣）低迷，甚至連投資顧問也一併罵上。不過，我也不要有嘴說別人，沒嘴說自己；就連我自己，也常常會借用一下自利偏誤。當我的小說榮登暢銷書排行榜前幾名，我就會拍拍自己的肩膀，然後對自己說：是的，這真是我個人至今最棒的代表作！萬一我的小說不幸淹沒在新書的洪流裡，我就會自然而然地認為：這一切都是因為寫書評的人嫉賢妒能，故意給我一個爛評。還有還有，那些讀者們也有夠沒水準，根本不曉得什麼叫文學！

在一項關於人格的實驗中，受試者於測驗結束後收到主辦單位給的一份成績，不過這些成績是主辦單位隨機亂發的，並非受試者的真實成績，只是他們並不曉得其中蹊蹺。收到好成績的受試者咸認：這項測驗不僅具有說服力，還很具公信力。然而，收到壞成績的受試者則口徑一致道：這項測驗根本不代表什麼嘛！為何會發生這樣的扭曲呢？為什麼我們會把成功解釋成是自己的功勞，卻把失敗歸咎到別的事物身上呢？對此，學者們提出各種理論，而最簡單的說法莫過於：這會讓我們感到不舒服，而我們通常就會設法讓這樣的不舒服停損。如果不是這樣，在過去十幾萬年的人類演化過程中，這種思考錯誤應該早就從人類身上消失了才對。然而請注意，在現今這個風險無法讓人一目了然的世界裡，自利偏誤可能會快速地引發大災難！理查・傅德（Richard Fuld）就是一個好例子。這位仁兄曾是美國投資銀行雷曼兄弟的執行長，在意氣風發的年代裡，他總喜歡稱自己為「宇宙的主宰」；遺憾的是，他的小宇宙似乎只存續到二〇〇八年。

美國有種標準化測驗叫ＳＡＴ，所有學生在參與這項測驗後，可以憑受試成績向美國各大學申請入學。一般來說，學生們的受試成績都在兩百分到八百分之間。可是，受試過了一年後，要是他們被問到當時參加ＳＡＴ的成績，平均起來每個人都會將成績多加個五十分！耐人尋味的是，他們之所以會這麼做，並不是厚顏無恥地撒謊，也不是毫無節制地吹捧；他們只是想要將成績稍微美容到自己可以接受的地步而已。

在我住的那棟大樓裡，有五個學生一起租了一間公寓，我偶爾會在電梯裡遇到這幾位學生。我曾經私底下分別問他們去倒垃圾的頻率有多高，一位學生跟我說：「垃圾大概有一半都是我在倒的！」另一位學生則表示：「大概有三分之一的垃圾是我倒的！」還有一回，我又遇到另外一位學生，他氣沖沖地提著一袋垃圾要去倒，內心極度不爽地跟我說：「公寓裡百分之九十的垃圾都是我倒的！」理論上，全部的答案總和起來應該只有百分之百，可是，在我問了這五個學生後，他們的答案加總起來，竟然高達百分之三百二十！這群室友顯然都自動高估了自己所扮演的角色，而我們每個人又何嘗不是這樣呢？婚姻其實也是照著這同樣的機制在運行；一些學術研究證明，不論是男性還是女性，統統都會高估自己在婚姻關係中所做的貢獻。

那麼，我們該怎麼對付自利偏誤呢？你有仗義執言的好友嗎？有的話，恭喜你，你真的很幸運。萬一沒有，又該怎麼辦呢？總會有個仇家或是討厭你的人吧？很好。那麼，請先放下你們之間的不愉快，邀請這位仇家或討厭你的人坐下來喝杯咖啡。你可以請他毫無保留地對你批評一番；你會終生感謝他寶貴的指教！

47 享樂跑步機

Hedonic Treadmill

為何你應該縮短上班的路程

假設有一天，你的手機忽然響了，電話另一頭有人對你說：恭喜你贏得一千萬歐元的樂透！請問這時你會有什麼感覺？此外，你認為這種感覺將維持多久？假設現在上演的是另一套劇本，你的手機忽然響了，電話那頭的人說：你最好的朋友剛剛過世了！這時你會有什麼感覺？同樣地，你認為這種感覺會維持多久？

在前面的章節裡，我們認識到了人類的預測水準有多糟。不論在政治、經濟或社會方面，人類做預測的成績簡直只能用慘不忍睹來形容。那些訓練有素的專家們，實在不會比隨機生成器好到哪兒去。如此看來，我們對於自己的感覺所做的預測，又能夠有多準呢？中了一千萬歐元的樂透，可以讓你享有好幾年的幸運感嗎？哈佛大學心理學家丹・吉伯特（Dan Gilbert）曾經針對樂透得主進行過深入研究，結果顯示：平均過了約三個月後，中樂透所帶來快感便會煙消雲散！也就是說，從銀行那裡領到一大筆錢，三個月過後，一切幸與不幸的感覺又會回復到跟從前一樣。

我有一位朋友是某家銀行的經理，他也是因為中獎而得到一大筆意外之財。於是，他決定搬離市中心，並在蘇黎世郊區蓋了一棟自己的別墅。依照他的夢想，他的別墅不僅要有十個房間，還要有一座游泳池；更重要的是，要能夠看到人人稱羨的山水美景。在第一個星期，他整個人都散發出一種幸福的光芒；不久之後，在他身上卻再也找不到那種幸福洋溢的感覺了。六個月過後，他看起來反而還比以前更不幸福！為何會這樣？原來是三個月過後，快樂的效應早已煙消雲散；對他來說，他的豪華別墅一點也不特別了。有一回他跟我說：「當我下班回家，打開大門之後，我再也感受不出這棟房子究竟是一棟怎樣的房子。我這時的感覺，就跟在求學時回到單人小公寓裡沒什麼兩樣！」不僅如此，更糟的是這個「可憐的」傢伙如今要到他上班的地點，每天平均得開五十分鐘的車。一些研究證實，通勤最容易引發人的不滿；要命的是，來來回回的舟車勞頓人們卻幾乎無從習慣。如果你不是天生就能適應這種生活，肯定會被日復一日的往返惡夢折磨得生不如死。正如許多樂透得主那樣，豪華別墅為我朋友的幸福帶來的淨效益，其實是負的。

其他人的情況也好不到哪裡去。在事業方面更上層樓的人，平均過了三個月後，所感受到的幸與不幸又會一如往昔；因此，這些人必須一直換新車。學界將這種效應稱為「享樂跑步機」，它的意思是說：**我們不斷地工作，追求升遷，希望能夠藉此享有更多、更美好的事物；可是，儘管如此，我們依然不會感到更幸福。**

上面所談到的都是一些喜從天降的幸運情況。然而，那些命運多舛的情況又是如何呢？比方說，下半身不幸癱瘓，或者痛失好友，遇到這些情況又會如何？同樣地，**處在不幸之中，我們也會自然而然地高估情緒持續的長度與強度。**不幸遇上失戀會讓人感到天崩地裂，彷彿整個世界就要毀滅。一下子掉進萬丈深淵的失戀者，會深信這輩子再也感受不到一絲幸福。可是，轉眼過了三個月，你又會看到他們笑逐顏開，再度成為一尾活龍。

要是我們能夠清楚知道新車、新職位、新的男（女）朋友究竟可以帶給我們多大幸福，那豈不是太美了？這樣我們就能做出正確決定，而不必老是在黑暗裡摸索。是啊，要是我們真的能找出些頭緒，就這麼著手進行，的確是再美不過了。在這裡，不妨提供各位幾個經「科學」驗證過的小撇步：（1）請盡量避免那些就算長期下來也無法習慣的負面效應，例如固定的舟車往返、噪音、持續性的壓力等；（2）對於物質方面的事物，諸如車子、房子、分紅、中樂透、拿金牌等等，請對它們所帶來的效益抱持稍縱即逝的期待就好；（3）對於要如何過你的生活，長期的正面影響扮演著至關重要的角色。因此，請盡可能讓自己有自主的時間與空間。盡量去做一些投己所好的事，即便那些嗜好可能要耗掉你不少銀兩。投資你的心力去建立一些良善的友誼。對女性而言，豐胸可以促進較長時間的快樂；對男性而言，事業則可以促進較長時間的快樂。不過，前提是在事業有進展的同時，不可跟著轉換到更高的比較團體裡。要是你晉升為執行長，而你的生活圈也變成全是執行長等級的人物，那麼，快樂的效應馬上就會跟著消散！

48 自我選擇偏誤

The Self-Selection Bias

Immer ich!：總是我

請別太訝異你竟然「存在」

我從巴塞爾（Basel）出發前往法蘭克福，在A5高速公路上不幸遇上塞車，我不禁在車上咒罵：「為什麼衰的都是我？」看看對面的車道，南向車輛暢行無阻，那車速真是令人羨慕。這一個多小時的塞車途中，如蝸牛般的行進速度，害我得要在空檔與一檔間一直換個不停；連帶地，我的膝蓋也因此由裡疼到外。在如此令人萬念俱灰的車陣中，我不禁哀戚地反問自己：難道，我真是百年難得一見的衰尾道人嗎？是啊，去銀行、郵局或超市時，我好像總是剛好排到那些動也不動的櫃台或窗口。可是，這會不會只是我自己的錯覺而已？假設從巴塞爾到法蘭克福的高速公路行車時間中，只有百分之十的時間會發生塞車；那麼，某天我在這條高速公路遇到塞車的機率，並不會高過這條高速公路全部的塞車機率，也就是百分之十。耐人尋味的是，在我行車的某個時間點，確實遇到塞車的機率卻大於百分之十！之所以會如此，原因在於陷入塞成一團的車陣裡，我只能龜速前進，這使得我花在塞車中的時間遠遠超過了固定的比例。此外，當行車狀況保持順暢，我並不會花心思去想塞車這檔事；可是，當我陷在動彈不得的車陣中，我想將塞車從我腦海裡趕走，已變得不可能了。

同樣的道理也適用在等紅綠燈，或是在銀行櫃台前大排長龍等情形。假如從甲地到乙地的路程中總共會經過十個紅綠燈；平均起來，遇到紅燈的機率有十分之一，遇到綠燈的機率有十分之九。若以整個行車時間來計算，你等紅燈的時間會超過全部行車時間的十分之一。不清楚嗎？不然請你想像一下，你的車子是以光速行進；在這樣的情況下，你全部行車時間的百分之九十九，都是在氣呼呼地等紅燈！

每當我們是抽樣裡的一部分時，就要小心別落入「自我選擇偏誤」裡。我的一些男性友人經常抱怨他們公司裡的女性員工太少；相反地，一些女性友人也經常抱怨公司裡的男性員工太少。這與倒不倒楣一點關係也沒有，因為這些提出抱怨的人，其實只是抽樣裡的一部分而已。男性在男性員工較多的地方上班，出現這種情況的機率便很高；相對地，女性也一樣。然而，如果差距比例較大，例如在中國或俄國，男女比的差距相當明顯，在這種地方工作，你就會有較高機率屬於人數較多的那種性別。相對地，處在這樣的情況下，或許就會讓你感到有點擔憂了。此外，在選舉時，你最有可能會把票投給得票最多的政黨；在表決時也一樣，你最有可能站在多數的一方。

事實上，自我選擇偏誤無所不在，許多行銷人員往往都會栽在這上頭。比方說，某家商務通訊出版社寄了一份問卷給他們的訂戶，想要透過問卷調查了解消費者對這份商務通訊的評價如何。遺憾的是，拿到問卷的全是訂了這份刊物的訂戶；也就是說，幾乎全是滿意的客人（其他消費者則完全沒有出現在抽樣裡）。結果就是，這樣的問卷調查根本毫無參考價值。

又或者，不久之前，我的一位朋友相當興奮地發現到，他（不是別人，而是他本人）完完全全地「存在」著。對他而言，這項發現簡直就是個奇蹟！然而，他卻是自我選擇偏誤的典型受害者。能夠講出這種話的人，也只有那些實際存在的人；倘若不存在的話，根本就無法對存在感到驚奇啊！同樣地，年復一年，總有一大堆哲學家會犯下相同的錯誤。例如，他們會在著作裡大加讚揚「語言」真是一種絕妙的存在。對於他們表示出的驚奇，我個人深感同情；可是，對於他們的立論，我就不得不多說兩句。若是沒有語言，這些哲學家根本無從對其感到驚奇；是的，甚至也不會出現哲學家。只有在語言存在的環境裡，才有可能讓其對語言的存在感到驚訝。

最近聽到一件與電話民調有關的趣聞。有家公司想要透過電訪，調查每個家庭平均擁有多少支電話（市話加上手機）。調查結束後，整理出了一個令人相當驚訝的結果：竟然沒有哪個家庭是沒有電話的耶！這個民調當真是天才之作。

49 聯想偏誤

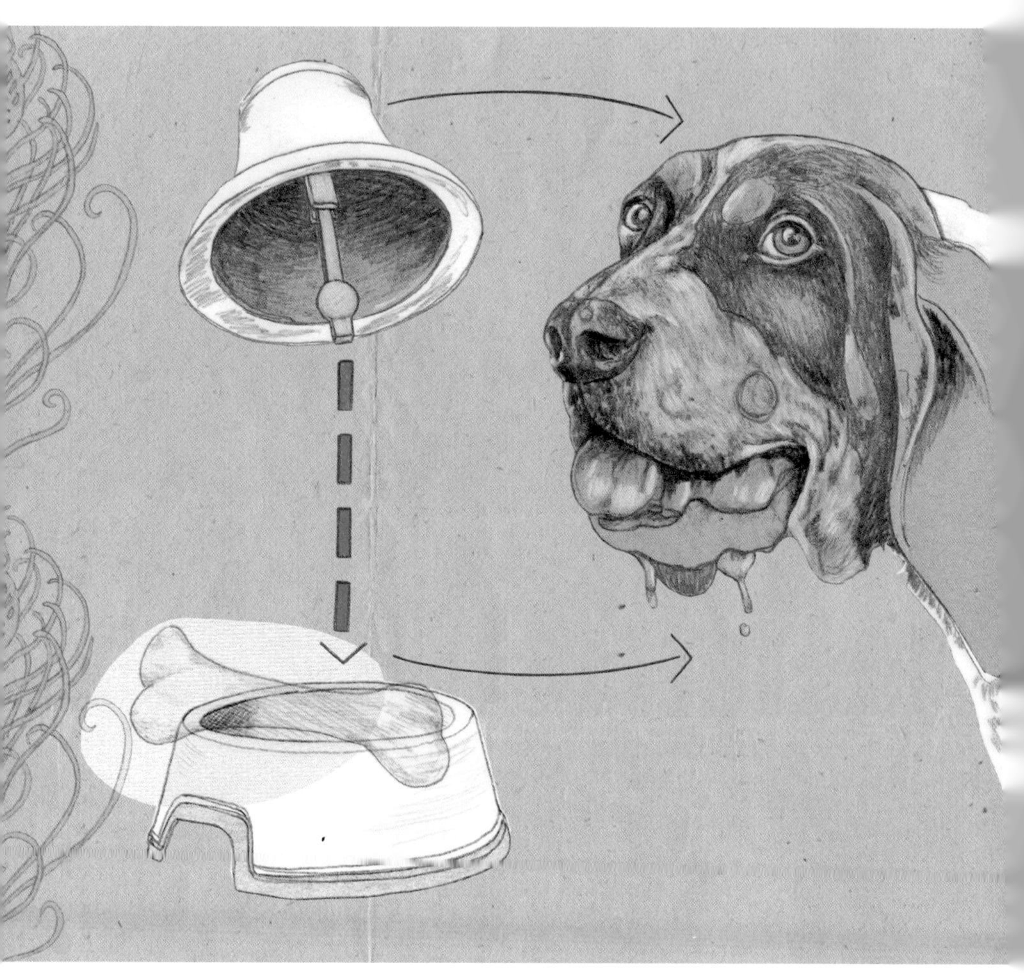

The Association Bias

為何經驗有時會引導我們鬧出蠢事

凱文曾經三度到公司的監事會報告他們部門的業績。每一回，他的報告都相當地完美。巧合的是，每回做報告時，他都穿上了一條印有綠色斑點的內褲。凱文尋思著：哈哈，這不是明擺著的嗎，這條綠色斑點的內褲正是我的幸運內褲。

為了買婚戒，凱文來到一家珠寶店。由於珠寶店裡的售貨小姐外型十分亮麗，讓凱文完全無法抗拒。儘管人家並沒有強迫推銷，凱文還是很大方地掏出腰包，買下一枚價值一萬歐元的婚戒。一萬歐元其實大大地超出了他的預算（更別說他這回是梅開二度）；可是，他無意識地將這枚婚戒與售貨小姐的美貌聯結在一起。他幻想著未來的老婆戴上這枚婚戒後，鐵定也能同樣閃閃動人。

凱文每年都會去做一次全身健康檢查，而幾乎每次的檢查報告都是說：他，凱文，就一位四十四歲的男性而言，簡直就像一尾活龍。可是，為什麼說「幾乎」呢？那是因為有兩次他到醫院進行檢查後，嚇出了一身冷汗。一回檢查出了盲腸有問題，必須馬上開刀。另一回則發現他的前列腺腫大，幸好複查之後確定不是癌症，只是有點發炎而已。當然，這兩次恐怖經驗都讓凱文有點抓狂。巧的是，做這兩次健檢時，當天的天氣都剛好炎熱得不得了。從此以後，每逢出大太陽的日子，凱文就覺得渾身不對勁。要是天氣預報顯示他原訂要去看醫生的日子會是一個炎熱的大晴天，他就會立刻取消看診。

我們的腦袋就像是一台「聯想機」；基本上，這樣的機制確實是好的。比方說，在吃了某種不知名的水果後，我們感覺到全身不舒服，往後我們就會避開與這種水果有關的植物，並且把這類水果描述成是有毒的，或至少是不宜食用的。而知識其實就是這樣一點一滴累積而成。

無奈的是，水能載舟，亦能覆舟；這樣的運作方式，同樣也可能製造出錯誤的聯結。俄國生理學家帕夫洛夫（Ivan Pavlov）便是第一位以實驗研究這種錯誤聯結的人。這位俄國學者原本只打算測量狗分泌唾液的情形，他所設計的實驗方法相當簡單，就是在將食物送到狗兒面前時先響一下鈴聲。如此反覆數次之後，接下來光是出現鈴聲，就足以讓狗開始分泌唾液。這項實驗讓原本在功能上毫無關聯的兩種事物（鈴聲與唾液分泌），竟然莫名其妙地產生了聯結。

帕夫洛夫的方法同樣也適用於人類身上。拿廣告來說，許多廣告就巧妙地運用這項原理，讓商品與正面情緒產生聯結；可口可樂的廣告便是典範之一。在可口可樂的廣告裡，你從來不會看到愁容滿面或是日薄西山的畫面。消費可口可樂的人，都會很年輕、很光鮮亮麗，甚至還會充滿著難以置信的歡樂。

「聯想偏誤」會對我們的決策品質造成負面的影響。例如，我們往往偏好有人報喜，卻厭惡有人報憂。對於這種症狀，英語中有一個相當有趣的專有名詞叫「斬來使併發症」

（Shoot the Messenger Syndrome）；報信的人也可能因為訊息內容而遭到池魚之殃！許多執行長與投資人都會（無意識地）傾向躲開那些報憂不報喜的烏鴉嘴；如此一來，檯面上便只剩下粉飾出的一片太平。股神巴菲特深知個中道理，因此他指示其公司的執行長，好消息便不用向他報告，只要跟他報告那些壞消息就好。更重要的是，千萬不要拐彎抹角！

在電話行銷與電子郵件還沒那麼發達的年代，許多推銷員都得挨家挨戶去推銷產品。有一回，一位名叫喬治・佛斯特的推銷員來到某棟房子前。那棟房子已經許久沒有人住，但佛斯特並不知情。要命的是，房子裡的瓦斯竟然在漏氣；雖然只是微量逸出，但幾週下來，整間房子早已充滿瓦斯。更糟的是，這間房子的電鈴居然也有些損壞。就在這危機四伏的情況下，佛斯特糊里糊塗地上前按下電鈴，結果轟地一聲，整間房子爆炸了！大難不死的佛斯特被人送到醫院，所幸傷勢並不嚴重，沒過多久便能下床。但大難不死未必真有後福，這場電鈴意外給了佛斯特十分沉重的打擊，即使事隔多年，心裡揮之不去的陰霾，仍舊讓他無法重拾往日的推銷工作。儘管他心知肚明重演這種意外的機率多麼地低，不過，就算是在意志最強的狀態，他的理智還是無法戰勝情緒上已然成形的錯誤聯結。

我們究竟能夠從這當中學到些什麼呢？我想，美國大文豪馬克・吐溫（Mark Twain）的一段話，或許最是一針見血：「我們得要當心，經驗裡包含了多少智慧，我們就只能擷取多少；千萬別多拿！這就好比貓跳到一個燒熱的爐子上後，便再也不會跳到燒熱的爐子上。這麼做的確是對的，只不過，牠同樣不會再跳到冷卻的爐子上了。」

50 新手的運氣

The Beginner's Luck

若是有個好開頭，請格外小心

在上一章裡，我們認識到聯想偏誤；簡單來說，這就是一種將沒有關聯的事物相互聯結起來的傾向。凱文曾經在公司監事會裡做過三次完美的業績報告，只因為三次報告時他碰巧都穿著一條印有綠色斑點的內褲，便因此認為這條內褲的確能為他帶來好運。可是，就長期來看，這樣的聯結根本沒有意義。

在本章裡，我們要討論聯想偏誤中一個格外棘手的狀況，也就是與初期成功所形成的錯誤關聯；賭徒們將這種情況稱為「新手的運氣」。第一次賭博就輸的人，往往不會再賭下去；相反地，第一次賭博就贏的人，往往會被這樣的不勞而獲深深吸引，而趨於繼續賭下去。倘若接二連三地贏，幸運的贏家就會誤以為自己擁有過人的賭運或賭技，跟著便會提高賭注。然而長此下去，當機率回歸常態，幸運兒泰半還是會淪為倒楣鬼。

在經濟方面，新手的運氣扮演著相當重要的角色。比方說，A公司買下了B、C、D三家規模比自己小的公司，而且每次都能順利地將對方整合起來。這些合併的成果增添了A公司對於集團經營的信心，甚至讓其認為併購別的企業不過是小菜一碟。想要大展鴻圖的A公司，這回則是相中了比B、C、D公司規模還要龐大許多的E公司。可惜的是，這兩家公司的整合簡直就是一場災難！倘若實事求是地去觀察這件併購案，人們應該想像得到最後的結果會慘不忍睹，可是新手的運氣卻蒙蔽了公司經營者的雙眼。

同樣的事情也發生在股市。一九九〇年代晚期，許多投資人由於在開始時嚐到了一點甜頭，就把他們的身家全壓到了網路概念股上，有些人甚至融資去買股票。不過，他們顯然忽略了一個細節：初期的這些意外斬獲，根本就跟他們的選股能力無關。看著當時的行情一路往上，人們若不趁機賺一筆，還真有點對不起自己。然而，在市場一片看好的情況下，網路概念股的行情竟然豬羊變色般急轉直下，許多股民因而陷入大舉負債的愁雲慘霧之中。

同樣的劇本也在二〇〇六至〇七年美國房地產熱潮中發生。當時有一大堆律師、教師及計程車司機紛紛放下自己的本業，爭先恐後投入炒作房地產的行列之中。他們買了某些房地產之後，隨即以更高的價格將其轉手，藉此賺取暴利。初期的豐厚獲利讓這些人嚐到甜頭；可是，這一切當然與個人的特殊能力無關。在房地產泡沫愈吹愈大的過程中，再怎麼蹩腳的業餘經紀人，都能順勢將行情哄抬得愈高。為了炒作更多、更大的房地產，許多人因此負債累累。當整個房市最後終於崩盤，這些人就形同身處一片廢墟之中。

在世界史裡，我們也可以找到一些關於新手的運氣的案例。一直以來我總是很懷疑，要是當年拿破崙與希特勒沒有先前一帆風順的戰績，他們真的會去動俄羅斯嗎？

我們究竟該如何辨別事情發展到什麼地步，就不再只是新手的運氣，而確實是出於我們個人的實力呢？要說有個清楚的界線，恐怕是沒有。不過，有兩項指標倒是值得我們參考：第一，若你長期以來明顯優於他人，應該就可以認為你的實力的確扮演一定的角色。然而，這件事的真偽你永遠無法確定。第二，當參與者愈多，且其中某位參與者因一路都很幸運而持續處在成功的狀態裡，發生這種情況的機率就會愈高；你有可能就是這樣的幸運兒！倘若在一個只有十人競爭的市場裡，你能夠坐上龍頭老大的寶座，就某種程度來說，應該比較能夠反映出你的實力。相反地，在一個有一千萬人共同競爭的市場裡（例如金融市場），你應該少為自己的成功感到驕傲，而應該設想，你的成功其實只是比其他人多了許多幸運而已。

無論結果如何，請你帶著自己的判斷耐心等待吧！新手的運氣有時會招致毀滅性的後果；為了對付這種自我欺騙，建議你最好仿效科學的研究程序。換句話說，就是去檢驗自己的一些假設。**請嘗試去證偽自己的假設。**以我個人為例，在寫完我的第一本小說《三十五》（*Fünfundreißig*）之後，我只有把稿件寄給第歐根尼出版社（Diogenes Verlag）。想不到，他們竟然很快就給我回音，說打算幫我出書。在那當下，我覺得自己簡直就是個天才，是文學界的奇葩。因為若不是第歐根尼出版社向作者邀稿，自行投稿被接受的機率，大概只有一萬五千分之一！與第歐根尼完成簽約後，我突發奇想，將同樣的這份手稿寄給了其他十家主要出版文學作品的大型出版社；這麼做的目的純粹只是為了測試。想不到，試驗結果竟然是十比零，所有出版社統統都跟我說ＮＯ！我的「天才理論」就這麼被當場戳破。當然，我也跟著從雲端再度被打入凡間。

51 認知失調

The Cognitive Dissonance

你如何對自己撒點小謊，以讓自己好過一些

有隻狐狸在一棵葡萄樹下鬼祟地走來走去，眼睛不停望著樹上結實累累、熟到發紫的葡萄。牠用爪子抓住樹幹，伸長脖子想搆到樹上的葡萄，無奈這些葡萄實在吊得太高了。有點惱火的牠決定再試一試，這次牠用了更大的力氣，可惜最後還是一無所獲。這下子，牠真的火了，打算全力一搏。於是，牠用盡吃奶的力氣向上這麼一躍——啊，怎麼還是差這麼多啊！趴的一聲，可憐的狐狸就這麼四腳朝天重重摔到了地上。然而，這棵葡萄樹依舊紋風不動地矗立著。吃不到葡萄的狐狸撇起鼻子，相當不爽地在心裡來了一段ＯＳ：「算了，我看這些葡萄根本都還不夠熟嘛！『酸葡萄』完全不是我的菜。」接著，牠便抬起頭，趾高氣昂地走回了森林。這個故事出自希臘的《伊索寓言》（*Aesopica*），它十分精闢地闡述了一種我們經常會犯的思考錯誤。故事中那隻狐狸所想及所做的，與後來的結果完全不合。面對這樣惱「狐」的矛盾（即失調〔dissonance〕），這隻狐狸可以採取三種不同的方式：（Ａ）牠可以再想別的辦法，把那些葡萄弄到手；（Ｂ）牠可以乾脆承認自己學藝不精，沒有吃葡萄的命；（Ｃ）牠甚至可以硬拗一些藉口，解釋自己吃不到葡萄的事實。上述Ｃ這種情況，人們稱之為「認知失調」。

讓我們再來看另外一個簡單的例子。你買了一部新車，可是不久之後，你後悔買了這部車，因為它的引擎聲太大，座位坐久了不舒服，這讓你很不滿意。這下該怎麼辦呢？難道要把剛買來的車退回去嗎？不，這不就等於承認自己選錯車了？況且，如果現在把它退給車商，或許還得自行吸收不少折舊的損失。既然退貨這條路走不通，不如就說服自己：吵雜的引擎與不舒適的座椅，簡直就是專門為我量身訂做的貼心設計，可以防止我開車開到一半睡著。我真是有夠幸運，竟然能買到這樣一部超級安全的座車啊！就這樣，你認為你的選擇並不愚蠢，於是再度對自己的選擇感到滿意。

史丹佛大學的學者費斯丁格（Leon Festinger）與卡爾史密斯（Merrill Carlsmith）曾經共同進行一項與認知失調有關的實驗。他們先指示受試學生去做一些窮極無聊的工作，接著將這些學生隨機分成兩組。在A組裡，研究人員塞給學生一美元（當時是西元一九五九年），請他們去遊說一名正在外頭等候的學生（這名學生其實是研究人員安排的暗樁），讓那個冤大頭一同來加入他們窮極無聊的行列。換句話說，就是要受試學生幫忙去騙人。在B組裡，研究人員所做的幾乎與在A組裡一樣，唯一不同的是他們給B組學生二十美元，要他們去幹騙人的勾當。學生們陸續完成行騙的任務後，研究人員請他們各自寫下自己從事騙人勾當的真實感想。耐人尋味的是，與那些拿二十美元的學生相比，那些只拿一美元的學生，明顯覺得這項工作更自在且更有趣。為何會這樣呢？那是因為學生們覺得為了「區區的」一美元去撒個小謊，根本就無傷大雅；這個行騙工作實際上沒有那麼嚴重。

相反地，那些收了人家二十美元的學生不必對自己硬拗。他們的確收下不少錢，不過也出賣了良心去欺騙無辜的人。在他們眼裡，這整起交易完全是公平的；他們根本未曾感受到認知失調。

假設你去應徵某個職位，不幸半途殺出了程咬金，你最後竟被擠掉，這時你恐怕不會心甘情願地承認自己技不如人。你或許會告訴自己，你根本就不需要那份工作，只是想要測試看看你的市場價值，觀望一下有沒有識貨的老闆找你去面試。

先前我在兩檔股票中做抉擇時，也曾有過類似的反應。很不幸地，本人最後挑中的那一檔，買進不久後便開始大跌。讓人氣結的是，沒被本人挑中的另一檔，竟然如旱地拔蔥般一直漲個不停！我確實太蠢了，可是我沒辦法承認這樣的錯誤。相反地，我記得當時還試圖自欺欺人地對一位朋友硬拗，說這檔股票或許疲弱不堪、欲振乏力，但比別的股票更有潛力。現在想想，這真是一場愚不可及的自我催眠，而這一切只能用認知失調來解釋。都被套牢了怎麼會有「潛力」呢？要是我先把錢拿去買表現好的股票，接著再回頭逢低承接跌慘的股票，這樣或許才更有潛力。本章開頭那則《伊索寓言》的故事，就是這位朋友跟我說的。他還跟我說：「你還是可以繼續用力扮演那隻聰明的狐狸，可是葡萄不會因為這樣，就掉進你的嘴裡！」

52 雙曲貼現

The Hyperbolic Discounting

及時行樂！不過最好只限禮拜天

你或許聽過這樣的句子：「請把每一天當成你的最後一天來享受！」在每種與生活智慧有關的報章雜誌裡，這種說法少說也出現過二、三次，而它也是每位生活大師給民眾們的標準建言之一。然而，這句話或許發人深省，可是真的照做就不太聰明了。你可以想像一下，從今天開始，你不再刷牙、洗頭髮、打掃房子、工作、付帳單。如此一來，你很快就會貧病交迫，甚至會落到被關進監獄的下場！不過話說回來，上面那句話倒是傳遞了一項值得注意的重點：**我們對於「立即」的深切渴望**。至今仍流傳著的拉丁諺語中，「Carpe diem」（及時行樂）應該是最受歡迎的一句；它昭示我們盡情地享受今天，別去管什麼明天。對我們來說，立即是很有價值的；可是，到底值多少呢？它有著超乎理性所能論證的價值！

讓我們來做個小實驗。請問下列兩個選項，你比較想要哪一樣？（A）一年過後得到一千歐元；（B）一年又一個月過後得到一千一百歐元。若你的思路跟多數人一樣，你應該會選擇過了十三個月後有一千一百歐元入袋。這樣的選擇的確不無道理，因為每個月十％（或是每年一百二十％）的利息真是無處找，如此豐厚的利息彌補了你多等一個月的風險。

不過，如果我們把上面的選項稍微改一下：（A）今天得到一千歐元；（B）一個月後得到一千一百歐元；這時你又會選哪一個？若你與多數人思路相同，你應該會選擇今天就讓一千歐元入袋為安。這真是很耐人尋味。在前後兩種情況裡，要多得一百歐元，同樣都得多等上一個月。然而，在第一種情況裡，你會覺得反正都等一年了，再多等一個月又何妨；在第二種情況裡，你反而覺得先賺先贏！我們所做的決定，往往會因為時間基準的不同，而跟著反覆無常。學者們稱這樣的現象為「雙曲貼現」，意思是說：**做決定的時點與獲利的時點愈接近，我們的「情緒利率」**（emotional interest）**就愈容易跟著調升。**

事實上，只有很少的經濟學家理解人類會主觀地採用不同的利率去算計。換句話說，那些由經濟學家們制定出來的、以固定利率為基礎的分析模型，實際上根本派不上用場。

雙曲貼現代表著一種人類會被「立即」牽著鼻子走的事實，而這項事實在人類還是野生動物時即已留下烙印。動物並不會為了在日後實現報酬，而願意放棄當下的享樂。如果你願意的話，可以放手去訓練老鼠看看；牠們絕對不會為了明天可以有兩塊乳酪，而甘願放棄今天就可吃到的一塊乳酪。什麼？你說松鼠不是會藏堅果嗎？那是牠們的本能，經研究證實根本與控制衝動無關。

對於延遲享樂（delayed gratification），兒童又是怎麼反應的呢？一九六〇年代，華特・米歇爾（Walter Mischel）進行過一項與延遲享樂有關的著名實驗。在 YouTube 上如果用關鍵字「棉花糖實驗」（marshmallow test）搜尋，可以找到許多有趣的相關影片。在某個影片中，一些四歲左右的小男孩面前擺了一塊棉花糖，這些小朋友被告知有兩種選擇：他們可以馬上把棉花糖吃掉，或者忍耐幾分鐘不吃，那麼他們還可以額外多得到一塊棉花糖。有趣的是，只有極少數小孩能夠等待；更耐人尋味的是，米歇爾的研究結果指出，延遲享樂的能力竟然是日後事業成功的一項可靠指標。

隨著年紀日漸增長，我們的自我控制能力日益增加，也就愈容易做到延遲享樂。為了多得到一百歐元，我們寧可不只等十二個月，而是等上十三個月。然而，當某種享樂近在眼前，要我們甘願去延後，別的激勵誘因就必須非常地大。卡債的重利以及短期的消費信貸，都是最好的例證。

結論：立即的享樂無比誘人；儘管如此，雙曲貼現仍然是一種思考錯誤。**當我們愈有能力控制衝動，就愈能避免這樣的錯誤**。相反地，當我們愈沒有能力控制衝動，例如受到酒精的影響，就愈容易陷入這樣的錯誤裡。及時行樂不失為一種好想法，不過最好每週一次就好。把每一天都當成你的最後一天來享受，說真的，是有點腦殘！

結語

在群體裡，容易依照別人的想法過活；在孤獨裡，容易依照自己的想法過活。可是，唯有在群體裡還能夠保持著特立獨行，才值得我們注意。

——愛默生（Ralph Waldo Emerson）

關於非理性的理論，大致上可以分成兩種：一種稱為「熱理論」，另一種稱為「冷理論」。熱理論由來已久，古希臘哲學家柏拉圖就曾提出一個比喻：理性猶如騎士，感性猶如奔馳的馬；理性與感性的關係，就好比騎士駕馭著一匹狂奔的馬。理性不斷嘗試去馴服情感；萬一不成功，非理性便會掙脫而出。除了柏拉圖的比喻外，還有一種比喻是說：情感就像滾燙的岩漿，理性多半只能將這熱滾滾的岩漿稍微蓋住。可是，三不五時，非理性的岩漿就會噴發出來！看過以上兩個比喻後，你大概可以體會非理性為何會被形容為「熱」。這種理論的基調認為，若由理性當家作主，基本上一切都能平安無事。理性是不會出錯的，之所以偶爾會失手，全是因為感性有時突然冒出來作祟。

這種關於非理性的熱理論持續傳承了數百年，到了十六世紀，法國著名的宗教改革家喀爾文（John Calvin）依然採取這樣的主張。在他看來，情感是惡，人類唯有關注上帝，方能迫使這樣的惡退散。那些任由感性岩漿恣意噴發的人，無非就是惡魔；他們應該受到折磨，甚至應該「人間蒸發」。到了佛洛伊德（Sigmund Freud）那裡，則把情感（本我〔id〕）說成是受自我（ego）與超我（superego）的控制；可惜的是，這樣的控制鮮少得手。生活中之所以會充滿各式各樣的強迫與紀律，無非就是因為大家相信：我們完全可以用思想管好我們的感情。不過，這顯然只是一種幻想，就好比我們以為只要動動腦筋，便能操控腦袋上方那些頭髮的增長。

相反地，關於非理性的冷理論，目前資歷尚淺。歷經了第二次世界大戰，許多人不禁想問：納粹黨人的非理性究竟該如何解釋？在希特勒政府的領導階層裡，抓狂式的情感爆發其實十分罕見；即便希特勒本人所做的演說看來如此慷慨激昂、熱血沸騰，那畢竟只是在演戲。他們並沒有像火山爆發般大規模地宣洩情感。相反地，是各式各樣冷靜的決定，將納粹引向萬劫不復之境。類似的情況也曾在史達林及赤色高棉黨（Red Khmers）身上發生。難道理性真的不會犯錯嗎？顯然不是這樣。在理性裡，一定有什麼不可靠的地方。自一九六〇年代起，許多心理學家開始清理佛洛伊德提出的一些沒有道理的主張，並嘗試以科學方法檢驗人類的思考、決定與行為。經過一連串努力，最後得出關於非理性的冷理論：**思想本身並非完美無瑕；相反地，思想本身其實十分拙於抵抗錯誤。**這種情況全人類都無法倖免，即便那些智力頗高的人，也總是不斷地在同樣的錯誤中摸索。耐人尋味的是，我們所犯的錯誤並非全然是隨機發生；依循著不同類型的思考錯誤，**我們會系統性地往特定的方向犯錯。**這讓診療我們的錯誤有了一線希望，儘管不能夠到達完全治癒的地步，至少在某種程度上確實有改善的可能。

過去幾十年來，我們一直不了解這些思考錯誤究竟從何而來。我們身體上的其他部分，諸如心臟、肌肉、呼吸系統、免疫系統等，都能夠無誤地順利運行，為何偏偏只有腦袋接二連三地出錯呢？

思考是一種生物現象；在過去長期的演化過程裡，它就跟動物的體型或花朵的顏色一樣，受到了演化機制的形塑。假設我們能夠穿越時空回到五萬年前，隨意抓走一位人類祖先，把他綁回我們身處的現在。我們先帶他去剪一個流行的髮型，接著給他穿上 Hugo Boss 的衣服；如此一來，他的外型就跟我們沒有太大差別，即便走在街上也不會被人一眼識破。當然，他還是要學習語言、開車，甚至如何使用微波爐等等，但就算是我們，要會這些事情也還是要學。把我們的祖先如此打扮、訓練一番後，他就跟我們一模一樣了。也就是說，跟他的身體與腦袋一併對照起來，如果從另一個角度來看，我們不過就是一些穿著 Hugo Boss（或 H&M 也好）的狩獵者與採集者！

然而，從過去到現在，人類的生活環境已經發生十分顯著的改變。在遠古時期，人類的生活環境單純且固定；我們的祖先生活在規模約五十人的小團體裡。在科技或是社會方面，當時並未有什麼值得一提的進步。一直到大約一萬年前，人類的生活環境開始發生劇烈的變化，農業、畜牧、城市、國際貿易等陸續出現。而工業化之後，人們則再也想不起過去的人類究竟生活在什麼樣的環境裡。糟糕的是，我們的腦袋其實是為了活在那樣的環境當中而形塑出來的。如今，我們去購物中心逛一小時所能看到的人，遠遠超過我們的祖先在其生活環境裡所能見到的人。假如有誰想要知道十年後世界會變成什麼樣子，我們肯定會嘲笑他。在過去一萬多年裡，人類已經打造出一個我們自己再也無法理解的世界。我們似乎改善了一切，卻也同時讓一切變得更為複雜；連帶地，人類也變得愈來愈相互依賴。發展到現在，結果就是：在物質生活方面，人類的確已經到達令人驚奇的富裕程度。然而，伴隨而來的卻是多不勝數的文明病，以及層出不窮的思考錯誤。要是這個世界繼續變得更複雜（肯定會的，我們只能這麼說），那麼，發生思考錯誤的情況只會更為頻繁，而且更加嚴重。

讓我們來看這個例子。在狩獵與採集的生活環境裡，行動比思考要強得多。迅速靈敏的反應是存活的重要條件，緩不濟急的思考則是有害的。當一群狩獵或採集的伙伴突然間四處逃竄，沒去想到底看到的東西是劍齒虎還是野豬，先跟著大家拔腿開溜，這麼做是很有道理的。我們不妨比較看看兩種可能犯下的錯誤。第一種是：確實出現了一隻危險的動物，但我們站在原地沒有逃跑。第二種則是：並沒有出現任何危險的動物，我們卻無端地自己嚇自己，並趕快溜跑。如果所犯的是第一種錯誤，很可能就得賠上性命一條；若是第二種錯誤，頂多只是消耗掉一些卡路里。在兩害相權取其輕的前提下，完全往某個特定的方向犯錯，最後確實會比較划算！那些不這麼想的人，或許便會就此從基因庫消失。今日我們這些活著的人類，幾乎全是從前那些跟著同伴們一起溜跑的人的後代。無奈的是，遠古時期那套直覺式的行為模式，放到現今的世界裡應用，反倒會變得不利。現今這世界鼓勵的是敏銳的思考及獨立的行為。我想，凡是上過股市炒作得當的人，應該都能深刻體會。

截至目前為止，演化心理學（evolutionary psychology）一直都還只是一種理論，不過卻是極具說服力的一種理論。雖然演化心理學不見得能夠解釋所有思考錯誤，但大部分都能藉由它來說明。讓我們來思考下面這段陳述：「每條妙卡巧克力（Milka）上頭都印有一條牛，因此，凡是上頭印有一條牛的巧克力，就是妙卡巧克力。」類似這樣的錯誤，不管是那些聰明絕頂的人，還是那些完全未被人類文明汙染的小寶寶，幾乎無人可以倖免。人類時常會掉進這樣的思考錯誤裡；當然，我們沒有理由認為在狩獵與採集的年代，祖先們就不會犯這種錯。很顯然地，有部分思考錯誤是人類內建的；這些錯誤之所以發生，與環境的改變並無關聯。

然而，在過往的演化過程中，為什麼會有一些思考錯誤根深柢固地內建在人類身上呢？以下有三種不同的解釋，我們不妨參考。第一種解釋提出的理由其實很簡單：我們的演化並不是在一種絕對的意義上進行。事實上，只要我們「相對地」好過我們的競爭者（例如尼安德塔人〔*Homo Neanderthalensis*〕），我們的錯誤便可以在這當中得到寬恕。以下就是自然界裡相當有趣的一個例子：數百萬年以來，大杜鵑總是將牠們的蛋產到其他鳴禽的窩裡。那些不明究理的鳴禽不僅會糊里糊塗地幫大杜鵑孵蛋，甚至還會餵養大杜鵑的幼鳥。這些鳴禽的反應顯然是錯的，然而演化並未在鳴禽身上矯正這樣的錯誤，因為它顯然還不夠嚴重。

第二種解釋興起的時間，大約在一九九〇年代末期，推論大致如下：我們之所以會運用思考，其實是為了取信別人。只要能夠取信於人，便可鞏固自己的權力，並藉此取得資源。資源的取得又代表著在生殖與哺育後代方面的優勢。因此，結論就是：**我們的大腦其實是用來幫助我們進行繁衍，不是用來幫助我們追求真理**。正因如此，才會有這麼多頑固的思考錯誤對我們糾纏不休。這種說法似乎還頗有道理；不信的話，不妨去觀察一下書市，你定可體會追求真理確實不是我們動腦筋的主要宗旨。就拿小說與專業書籍來說，與小說相比，專業書籍的真理含量顯然要高上許多；儘管如此，小說卻總是比專業書籍來得暢銷。

最後，第三種解釋的主旨則是：儘管直觀式的決定並非全然理性，但在某些場合裡，直觀式的決定確實比較好。所謂的「捷思」，便是致力於這方面的研究。我們在做許多決定時，往往會缺少一些必要資訊，這時我們就會被迫動用一些捷思或是思考捷徑。例如，你同時對數名女性（或男性）感到動心，你可能會很困擾究竟該找誰締結連理。如果你把這樣的重責大任交到了思考手上，可能永遠都要保持單身了，因為看來這麼做反而變得不理性！簡單來說，**我們經常會先直觀地做出決定，事後再去為我們的選擇補上一些理由**。諸如工作、結婚、投資等各式各樣的決定，其實都是在無意識中做成的，可能在決定做成了幾秒過後，我們才去建構理由。這個建構理由的過程給了我們一個錯誤印象，彷彿我們的決定是在意識清醒的狀態下完成。如果拿律師跟科學家來比喻，我們的思考模式比較傾向律師而非科學家，因為律師都很精於先射箭再畫靶的遊戲。不過，當然也要以科學家純粹專注於真理為前提。

因此，如果你在一些二流的企管叢書上讀到什麼關於左腦、右腦的理論，請你把它們統統給忘了吧。直觀式思考與理性式思考的區別，才真的比較重要。這兩種思考方式各有其適合的應用領域。直觀式思考較為迅速、本能，並且省力；理性式思考則較為緩慢、費力，並且需要大量的卡路里（以血糖的形式）。

當然，理性的事物也有可能轉化成直觀的事物。例如，當你在練習一種樂器時，你看著樂譜，指揮你的手指照著樂譜演奏，一個音符接著一個音符慢慢學習。練習一段時間之後，也許單憑直覺你就能夠彈奏鋼琴或弦樂器。你看著眼前的總譜，十根手指頭彷彿各自有了生命一樣，自動自發地演奏起來。股神巴菲特在讀公司報表時，就跟專業音樂家在讀總譜一樣，而這就是所謂的「能力範圍」。如果能力範圍進展到了某種高超的地步，便可稱之為「直觀領會」（intuitive understanding）或「大師技巧」（mastery）。無奈的是，直觀式思考有時也會出錯；在理性發覺我們偏離了通往大師技巧的航道之前，直觀式思考往往已經不曉得把我們帶到哪裡去迷航了。當然，接下來就是一場思考錯誤！

最後，謹以三個注意事項作結：第一，事實上，思考錯誤族繁不及備載；本書所臚列的清單只是其中的一部分，並不完全。

第二，在服用本書時，請切記本書與病理方面的失常無關。即便我們犯下所有書中提到的思考錯誤，還是能夠毫無問題地過活。一位因思考錯誤而損失十億歐元的執行長，並不因此有被送進醫院的危險；何況，根本沒有任何醫療系統或是藥物，可以拯救他脫離思考錯誤的苦海。

第三，大部分的思考錯誤就如同粽子一般，根本就串成了一大串。但這項事實也沒什麼好驚訝的，因為在我們的大腦裡，所有事情本來就千絲萬縷地相互糾結在一起。整個神經系統遍布在大腦各個區塊，沒有任何一塊是獨立自主的。

自從我開始收集並撰寫有關思考錯誤的題材後，便經常被問到：「杜伯里先生，你究竟如何可以過著沒有思考錯誤的生活？」老實說，我根本辦不到！事實上，我也完全不想過那樣的生活。對付思考錯誤其實相當勞心勞力，因此，我個人採行以下的準則：在後果影響層面巨大的情況下（例如，在做一些個人或商務方面至關重要的決定時），我會試著冷靜且理性地做出決定。這時，我會翻出我的「思考錯誤教戰守則」，如同機師運用檢查清單那樣，一條條地仔細核對與審查。我甚至還為自己量身訂做一套方便的「檢查清單決策樹」，當面臨重大決定時，我便把它拿出來做最嚴苛的檢驗。相反地，在後果影響層面微小的情況下（例如，究竟該買ＢＭＷ還是福斯汽車），我會放棄理性的求取最佳選擇，而直接交給直覺負責。若可能招致的損害很小，你其實不必去傷什麼腦筋，不如就放任錯誤，然後各安天命！因為，相形之下，這時去追求清晰的思考，反而是一種浪費。只要我們的生活能夠在某種程度上持盈保泰，只要我們想鋌而走險時多加小心注意，大自然似乎也就不太會來管我們到底有沒有做出「完美的決定」。⚜

銘獻與致謝

在此，我要感謝納西姆・尼可拉斯・塔雷伯，是他給了我寫這本書的靈感，儘管他曾經力勸我無論如何都不要出這種書！（他對我說：「不如去寫小說，專業書實在太不吸引人了！」）我還要感謝科尼・格比斯多夫（Koni Gebistorf）熟練且精湛地編校這份稿件，朱利亞諾・穆西歐（Giuliano Musio）細心做拼字訂正，還有安西爾德・華爾茲拉西麗兒（Arnhild Walz-Rasilier）為我與出版界搭起良好的溝通橋梁。我要感謝法蘭克・徐爾馬赫博士（Dr. Frank Schirrmacher）讓我的想法能以專欄形式刊登在《法蘭克福彙報》上。若不是因為每個星期都將我個人的一些想法印成了可讀的形式，這個世界上恐怕也不會有眼前的這本書了。我也要感謝馬丁・史匹勒（Martin Spieler），讓我在瑞士的《週日報》為我的想法找到了一個棲身之所。此外，我還要感謝插畫家碧吉特・蘭（Birgit Lang），她的畫作確實令我的文章增色不少。當然，少不了要感謝《法蘭克福彙報》的編輯塞巴斯提安・朗姆史貝克（Sebastian Ramspeck）與巴爾茲・史伯利（Balz Spörri）以及《週日報》的編輯胡伯特・史匹格博士（Dr. Hubert Spiegel）。有了他們三位編輯火眼金睛般的把關，才能夠在每星期專欄出刊之前，及時將各種錯誤或不清楚之處予以更正。

在此，我由衷向他們眾人表達謝忱！歷經了無數的編輯步驟，此書所呈現的一切內容，則由我個人自行負責。

國家圖書館出版品預行編目資料

思考的藝術：52個非受迫性思考錯誤／魯爾夫．杜伯里（Rolf Dobelli）著；王榮輝譯. --
二版.-- 臺北市：商周出版, 城邦文化事業股份有限公司出版：英屬蓋曼群島商家庭傳媒股份有限公司城邦分公司發行, 2024.11
面；　公分.
譯自：Die Kunst des klaren Denkens: 52 Denkfehler die Sie besser anderen überlassen

ISBN 978-626-390-326-5（平裝）

1. 思考

176.4　　113015949

思考的藝術：52個非受迫性思考錯誤

原文書名／Die Kunst des klaren Denkens: 52 Denkfehler die Sie besser anderen überlassen
作　　者／魯爾夫．杜伯里 Rolf Dobelli
插　　畫／碧吉特．蘭 Birgit Lang
譯　　者／王榮輝
企畫選書／程鳳儀
責任編輯／程鳳儀、葉咨佑

版　　權／游晨瑋、吳亭儀
行銷業務／周丹蘋、林詩富
總 編 輯／楊如玉
總 經 理／彭之琬
事業群總經理／黃淑貞
發 行 人／何飛鵬
法律顧問／元禾法律事務所　王子文律師
出　　版／商周出版
115台北市南港區昆陽街16號4樓
電話：(02) 2500-7008　傳真：(02) 2500-7579
Blog: http://bwp25007008.pixnet.net/blog
E-mail：bwp.service@cite.com.tw
發　　行／英屬蓋曼群島商家庭傳媒股份有限公司城邦分公司
115台北市南港區昆陽街16號8樓
書虫客服專線：(02)2500-7718；2500-7719
24小時傳真專線：(02)2500-1990；2500-1991
服務時間：週一至週五上午09:30-12:00；下午13:30-17:00
劃撥帳號：19863813　戶名：書虫股份有限公司
E-mail：service@readingclub.com.tw
歡迎光臨城邦讀書花園　網址：www.cite.com.tw
香港發行所／城邦（香港）出版集團有限公司
香港九龍土瓜灣土瓜灣道86號順聯工業大廈6樓A室
電話：(852) 25086231　傳真：(852) 25789337
E-mail：hkcite@biznetvigator.com
馬新發行所／城邦（馬新）出版集團　Cité (M) Sdn. Bhd.
41, Jalan Radin Anum, Bandar Baru Sri Petaling,
57000 Kuala Lumpur, Malaysia.
電話：(603) 90563833　傳真：(603)90576622
E-mail：services@cite.my

封面設計／鄭宇斌
排　　版／浩瀚電腦排版股份有限公司
印　　刷／韋懋實業有限公司
經 銷 商／聯合發行股份有限公司
新北市231新店區寶橋路235巷6弄6號2樓
電話：(02) 2917-8022　傳真：(02)2911-0053

■2024年11月二版　Printed in Taiwan
定價／350元

Original title: Die Kunst des klaren Denkens: 52 Denkfehler, die Sie besser anderen überlassen
© 2011 Carl Hanser Verlag München
Fotografie von © Photolibrary/Corbis
Illustrationen: Birgit Lang, Hamburg
Complex Chinese translation copyright © 2012, 2024 by Business Weekly Publications, a division of Cité Publishing Ltd.
All Rights Reserved.
ISBN 978-626-390-326-5
9786263903234 (EPUB)

城邦讀書花園
www.cite.com.tw
版權所有．翻印必究

廣 告 回 函
北區郵政管理登記證
台北廣字第000791號
郵資已付，免貼郵票

115台北市南港區昆陽街 16 號 8 樓

英屬蓋曼群島商家庭傳媒股份有限公司
城邦分公司

請沿虛線對摺，謝謝！

書號： BK5073X	**書名：** 思考的藝術	**編碼：**

請於此處用膠水黏貼

商周出版

線上版讀者回函卡

讀者回函卡

感謝您購買我們出版的書籍！請費心填寫此回函卡，我們將不定期寄上城邦集團最新的出版訊息。

姓名：________________ 性別：☐男 ☐女

生日：西元________年________月________日

地址：________________

聯絡電話：________________ 傳真：________________

E-mail：

學歷：☐ 1. 小學 ☐ 2. 國中 ☐ 3. 高中 ☐ 4. 大學 ☐ 5. 研究所以上

職業：☐ 1. 學生 ☐ 2. 軍公教 ☐ 3. 服務 ☐ 4. 金融 ☐ 5. 製造 ☐ 6. 資訊
☐ 7. 傳播 ☐ 8. 自由業 ☐ 9. 農漁牧 ☐ 10. 家管 ☐ 11. 退休
☐ 12. 其他________________

您從何種方式得知本書消息？

☐ 1. 書店 ☐ 2. 網路 ☐ 3. 報紙 ☐ 4. 雜誌 ☐ 5. 廣播 ☐ 6. 電視
☐ 7. 親友推薦 ☐ 8. 其他________________

您通常以何種方式購書？

☐ 1. 書店 ☐ 2. 網路 ☐ 3. 傳真訂購 ☐ 4. 郵局劃撥 ☐ 5. 其他______

您喜歡閱讀那些類別的書籍？

☐ 1. 財經商業 ☐ 2. 自然科學 ☐ 3. 歷史 ☐ 4. 法律 ☐ 5. 文學
☐ 6. 休閒旅遊 ☐ 7. 小說 ☐ 8. 人物傳記 ☐ 9. 生活、勵志 ☐ 10. 其他

對我們的建議：________________

____

____

【為提供訂購、行銷、客戶管理或其他合於營業登記項目或章程所定業務之目的，城邦出版人集團（即英屬蓋曼群島商家庭傳媒（股）公司城邦分公司、城邦文化事業（股）公司），於本集團之營運期間及地區內，將以電郵、傳真、電話、簡訊、郵寄或其他公告方式利用您提供之資料（資料類別：C001、C002、C003、C011 等）。利用對象除本集團外，亦可能包括相關服務的協力機構。如您有依個資法第三條或其他需服務之處，得致電本公司客服中心電話 02-25007718 請求協助。相關資料如為非必要項目，不提供亦不影響您的權益。】

1.C001 辨識個人者：如消費者之姓名、地址、電話、電子郵件等資訊。
2.C002 辨識財務者：如信用卡或轉帳帳戶資訊。
3.C003 政府資料中之辨識者：如身分證字號或護照號碼（外國人）。
4.C011 個人描述：如性別、國籍、出生年月日。

請於此處用膠水黏貼